生鲜电商供应链
契约协调优化方法研究

郑　琪　编著

科学技术文献出版社
SCIENTIFIC AND TECHNICAL DOCUMENTATION PRESS

·北京·

图书在版编目（CIP）数据

生鲜电商供应链契约协调优化方法研究 / 郑琪编著.

北京：科学技术文献出版社，2025.6. -- ISBN 978-7
-5235-2003-1

Ⅰ. F724.72-39

中国国家版本馆 CIP 数据核字第 2024MP7444 号

生鲜电商供应链契约协调优化方法研究

策划编辑：胡 群　责任编辑：赵 斌 李 斌　责任校对：宋红梅　责任出版：张志平

出　版　者	科学技术文献出版社	
地　　　址	北京市复兴路15号　邮编 100038	
出　版　部	(010) 58882909，58882087（传真）	
发　行　部	(010) 58882868，58882870（传真）	
官方网址	www.stdp.com.cn	
发　行　者	科学技术文献出版社发行　全国各地新华书店经销	
印　刷　者	北京虎彩文化传播有限公司	
版　　　次	2025 年 6 月第 1 版　2025 年 6 月第 1 次印刷	
开　　　本	710×1000　1/16	
字　　　数	137千	
印　　　张	8.75	
书　　　号	ISBN 978-7-5235-2003-1	
定　　　价	46.00元	

前　言

随着互联网技术的飞速发展和消费市场的不断变化,人们对生鲜农产品的购买方式发生了极大的改变。电商平台便捷的购物体验和个性化服务吸引了越来越多的消费者,生鲜电商成为保障人们日常生活的重要环节。在以减少流通损耗、提高供应链运作效率为理念的背景下,生鲜电商供应链管理逐步向高质量、高效率的集约型方向发展,同时也受到了各方的高度关注。对于企业而言,只有科学合理地控制流通成本的持续升高,才能够不断促进经济效益的提升。因此,如何有效协调生鲜电商供应链中的所有成员企业,并逐步构建科学、完善的协调优化机制,已成为生鲜电商行业提高供应链管理水平的关键任务。

本书结合生鲜电商供应链的发展现状,从供应链契约的视角研究供应链渠道结构和供应链竞合关系情况下风险偏好程度、市场供需等因素对供应链的作用和影响。考虑不同利益主体在供应链的风险管理、利益分配等方面的作用,通过对各主体之间的利益协调进行研究,并以此为基础对供应链相关成员之间的合作机制进行剖析,为供应链管理工作的开展提供必要的参考依据。本书分为两部分。第一部分以渠道模式为切入点,对供应链契约协调机制进行多层次、多角度的分析和探讨,研究单渠道电商模式与双渠道电商模式下的生鲜农产品供应链契约协调优化问题;第二部分以竞合关系为切入点,对竞争型与合作型两种不同的生鲜电商供应链成员之间的协调优化进行研究。具体如下:

（1）单渠道下考虑信息披露的生鲜电商供应链契约协调机制研究

考虑信息对称、信息不对称和可追溯技术情形下的集中和分散供应链模型，深入探讨两级供应链系统中消费者的价格弹性系数对供应链利润的影响。通过横向和纵向比较分析，研究改进后的回购契约在 3 种情形下的应用。结果表明，产品的新鲜度与供应链各主体的利润呈现负相关关系，且在产品质量、安全科技投入水平等有所提升的情况下，供应链主体各自的利润及总利润都将得到提升。

（2）双渠道下考虑可追溯技术的生鲜电商供应链契约协调机制研究

针对传统电商渠道和直播电商渠道下产品新鲜度和产品库存可利用率对生鲜电商供应链决策的影响，比较了不同渠道下决策变量的阈值范围。进一步研究如何通过可追溯技术降低生鲜农产品的损耗率，提高库存利用率，探讨投资可追溯技术情形下生鲜电商供应链的最优决策，以及不同的主体在投资可追溯技术时如何进行决策。结果表明，当产品库存可利用率较高时，两种渠道均不投资可追溯技术，供应链利润能够达到最大。当供应链企业决定投资可追溯技术时，可以根据产品的库存利用率来决定投资的方式，以提高供应链的总利润。

（3）竞争型生鲜电商供应链契约协调机制研究

以效用函数为基础，将保鲜努力、供应商竞争等因素纳入考虑范围之内，并以此为基础构建供应商与生鲜电商两阶段博弈模型。除此之外，本书还以生鲜电商供应链上下游企业为研究对象，对成本分担、利润共享在提高决策质量和水平方面的作用和影响进行分析。研究结果表明，与单一保鲜努力成本分担契约相比，将保鲜努力成本分担与利益共享进行结合的契约模式在供应链的协调方面更具有优势。同时，如果生鲜电商对可追溯技术做出投资决策，则其能够获得的利润也将有不同程度的提升。

（4）合作型生鲜电商供应链契约协调机制研究

本书在对单一供应商与多个生鲜电商共同组成的供应链进行研究时，分别对4种情形进行了分析和探讨。从研究结果来看，在多个生鲜电商开展合作的情况下，数量折扣契约在供应链的协调方面发挥了独特作用。同时，如果采用科学合理的方式对供应链利润进行分配，合作型生鲜电商可以获得比不合作生鲜电商更高的利润。就协调成本而言，如果联盟规模能够满足特定的要求和条件，双方均可获取更高额的利润。

最后，本书结合我国生鲜电商企业的发展现状及存在的问题，从政府、企业和消费者3个角度对生鲜电商供应链契约协调提出了相应的优化策略。这些策略一方面为生鲜电商供应链企业决策制定提供了科学依据，并从供应链整体利益最大化的角度制定各种政策；另一方面为生鲜电商供应链企业契约模式的选择提供了决策指导。这对于提高我国生鲜电商供应链企业综合利用契约协调整合供应链资源的能力，增强供应链企业的竞争力，推动我国生鲜电商供应链企业的全面快速发展具有重大而深远的意义。

本书是国家自然科学基金项目"生鲜农产品供应链协调机制研究（71901141）"的阶段性成果，特别感谢国家自然科学基金委员会管理科学部对本书的资助，感谢上海工程技术大学的支持。由于笔者水平有限，书中肯定有不完善的地方，缺点和错误在所难免，恳请专家和读者批评指正。

郑　琪
2025 年 1 月于上海工程技术大学

目　录

第1章 导 论

1.1 研究背景

截至 2023 年，我国作为当前全球最大的农产品生产国之一，其蔬菜、水果、肉类、水产品产量在全球总产量中分别占 60%、36%、25%、40%。作为农业领域的关键部分，生鲜农产品的产量与质量能够对国民的日常生活带来直接影响[1]。然而，在多种因素的影响下，生鲜农产品在供应链中具有较高的损耗率。比如，我国每年的腐烂或变质蔬菜高达 1.3 亿吨，这不仅带来了巨大的经济损失，同时也对农业的发展产生了消极影响[2]。在此背景下，越来越多的研究学者、从业者认识到生鲜农产品供应链管理的重要作用。除此之外，国家对生鲜农产品行业的数字化转型和发展给予了高度重视。2024 年中央一号文件指出，实施农村电商高质量发展工程，推进县域电商直播基地建设。在"三农"问题受到高度关注的今天，国家不仅出台了多项法规和政策来推进农村合作社的发展和建设，而且农业农村部及其他相关部门不断推动税收优惠政策的落实，此举不仅有效降低了农产品的运输和流通成本，还为提升农产品竞争力带来了积极作用[3]。

虽然政府十分重视生鲜农产品的生产、流通和供需机制，但由于生鲜农产品的生产具有季节性和易腐性，风险偏好和新鲜度是影响供应链协调的重要因素。基于此，产品的新鲜度及相关信息披露程度能够对供应链的协调水平产生直接影响。此外，随着直播电商的兴起，传统电商和直播电商构成的双渠道结构、各参与主体的风险偏好、渠道间的竞争系数、供应链节点企业的竞合关系等，也会影响供应链各参与主体及整体的利润情况。供应链企业的市场需求加大了产品保鲜力度，提高了生鲜农产品销售和消费的时效性和质量等，此类因素的存在将会直接影响农产品的行业发展及经济效益[4]。因此，如果无法解决供应链主体之间的成本及利益分配等相关问题，则供需机制的建立就会面临巨大阻碍，同时也无法有效解决生鲜农产品损耗率过高的问题。

随着科技的不断进步和消费模式的不断变化，生鲜电商成为人们购买食品的重要渠道。这一新兴领域在满足消费者对生鲜农产品需求的同时，也面临着激烈的市场竞争和不断变化的消费者行为。相较于传统的线下销售渠道，生鲜农产品的传统电商和直播电商相融合的双渠道电商销售不仅能拓展生鲜农产品的销售范围，还能提高生鲜农产品的流通效率，推动生鲜市场消费升级。同时，在移动互联网兴起的背景下，生鲜电商模式也应运而生。就此类商业模式而言，供求双方在产品质量、成本等方面存在着严重的信息不对称问题。除此之外，由于缺乏必要的信息共享机制，产品流通滞后，这一问题不仅对产品自身的竞争力带来了不良影响，而且不利于流通机制的构建和完善。因此，如何采取有效措施来降低当前的流通成本、提高流通速度，已成为供应链水平提升过程中所需解决的关键性问题。在时代和社会形势发生巨大变革的今天，国民的消费质量也得到了显著提升，传统的生鲜农产品流通模式已逐步与时代发展形势相脱轨。社会消费者已经从追求生鲜农产品的数量、品种和价格转变为追求产品的质量、安全和品牌，这一发展趋势对产品的质量、产量、成本控制等提出了更为严苛的要求。基于上述情况，有必要采取有效措施来提高供应链的管理和控制水平，确保供应链更好地服务消费者需求，不断提高运行效率。在打造高质、高效供应链的基础上，为农产品行业及农业的发展奠定良好基础，切实助力"三农"问题的解决。

生鲜电商是生鲜农产品主要的销售模式之一。在此情况下，越来越多的企业面临着减少交货时间、控制成本、优化服务水平的压力。在诸多非经济因素的影响下，世界范围内的供应链、产业链面临着巨大的不确定性。在市场竞争愈加激烈的背景下，消费者的需求呈现出多样化、个性化的特征。这一变化不仅增加了产品需求的不确定性，也加大了企业面临的经营风险。决策的不合理性或不平衡性容易造成供需失衡的问题，从而为企业带来库存过高或产量无法满足消费者需求等风险，对供应链各相关成员的利润均带来不良影响。就我国生鲜农产品行业来看，供应链的各组成主体在经济上均具有独立性，不同的主体具有不同的经营目标、组织架构、决策机制等，以实现自身利益的最大化为目标。然而，主体自身利益的最大化并不等同于整体利润的最优化，甚至还会造成整体绩效大打折扣。为此，如何对生鲜电商各相关成员的决策及行为进行合理协调，并根据实际情况完成协调机制的设计，从而为产品竞争力及影响力的提升奠定良好的基础，是当前对生鲜电商供应链进行优化和完善过程中所需解决的一大关键性任务。

在此情况下，供应链在运作过程中的各类影响因素对利益主体的利润、成本等带来了直接的影响。如果将风险偏好纳入考虑范围之内，则应采取何种措施来对供应链加以协调，以确保供应链整体绩效及利润水平的提升？随着国民生活质量的不断提升，消费者对产品新鲜度的要求也达到更高水平，这对供应链带来了巨大的挑战。供应链企业在考虑保鲜力度时应该如何分摊利润和成本？很显然，此类问题的解决能够对供应链的协调带来积极作用。从上述分析来看，以供应链契约为切入点对其协调机制进行研究和分析，能够有效提升供应链的管理水平，并为相关部门制定科学的决策提供参考依据。

基于此，本书从供应链契约的角度，研究渠道模式、竞争与合作关系等因素对生鲜电商供应链契约协调机制的影响，以及在考虑需求价格弹性、风险成本、利益分配等因素下不同利益相关者的最优决策。通过对供应链各相关主体之间的利益加以协调，不仅能够深化对合作机制的研究和了解，同时也能为各节点企业开展经营活动、制定利益分配方案提供信息依据。

1.2 研究意义

随着"互联网＋"时代的到来，生鲜电商供应链上各企业所面临的生存条件、运营架构及盈利模式等均发生了重大变革。在政府和消费者的共同推动下，企业不得不采取措施来提升产品的质量及安全性，这也将为企业带来额外的成本支出。此外，任何企业仅靠协调与优化都难以达到理想效果。对于企业来说，只有将供应链的协调纳入考虑，才能不断提升自身的竞争力并扩大竞争优势。本书以生鲜农产品为研究对象，对供应链利润最大化目标的实现进行深入剖析，并将风险偏好、市场供需等因素纳入考虑范围，因此在提升生鲜电商供应链绩效及利润方面具有宝贵的理论与实践意义。具体如下：

①在生鲜电商供应链中，为供应链各成员的决策和整个供应链的协调提供了新的成果。本书对生鲜农产品进行全方位研究，结合保鲜努力和供应商竞争等因素，深入探讨各供应链主体在风险、利益、成本等方面的分配问题，通过对供应链各相关主体之间的利益加以协调来深化对合作机制的研究和了解，并为各节点企业开展经营活动、制定利益分配方案提供科学依据。

②为供应链各利益主体选择合适的契约机制提供了借鉴。在此背景下，不仅供应链的利润能够达到最大化水平，同时也能有效鼓励企业采取措施来提高产品的新鲜度。就目前的供应链而言，所选择的所有政策和战略均以最大限度地提高供应链的利润为目标，而新鲜度因素的加入必然会对各利益相关者之间的关系带来一定程度的影响。从另一层面来看，各利益相关主体均存在着风险厌恶的特征，如果不存在利益分享承诺，则其他利益主体多不愿意与企业共同承担保持新鲜度所投入的成本。契约协调机制的建立和完善能够有效提升相关企业采取措施来提高保鲜水平的动力和热情。供应链企业应该构建什么样的契约协调机制？如何完善现有的契约机制？这是迫切需要解决的问题。因此，本书探讨了生鲜电商供应链中企业的行为博弈和不同契约协调问题。

③为生鲜电商供应链中多个生鲜电商的联合采购提供了一定的理论参考。从整体来看，部分供应商在供应链中占据绝对的优势。通常情况下，生鲜电商可采取集中采购的方式来达到降低采购成本的目的，即供应链系统由一个供应商与多个生鲜电商共同组成。本书以契约协调机制为基础对生鲜电商的联合采购模式进行深入的探讨和剖析，从而为供应链整体管理水平的提升带来正向影响。

1.3 研究内容

本书针对生鲜电商的协调优化提出问题，并结合定性分析与定量分析，引入系统建模的研究方法，运用供应链契约理论、博弈理论等基本理论，以互联网环境下生鲜电商企业的具体经营模式为研究框架。通过将渠道结构、竞合关系等因素纳入研究范围，对生鲜电商供应链协调优化机制进行全方位分析和探讨。本书按照图1.3.1所示的思路进行编写。首先，对国内外文献资料进行阅读、归纳和整理，并以典型企业为研究对象，对其供应链进行深入剖析，从而为本书的编写提供思路和依据。其次，对本书编写的背景、目标等进行了详细论述，并对现存的理论研究成果进行了总结和归纳，为本书的编写奠定了良好的基础。最后，写好本书的主体部分。以研究对象为划分依据，可将本书分为3个部分。第一部分主要对供应链现状进行研究和分析；第二部分以渠道模式及竞争合作模式为切入点，对契约协调措施进行探讨和分析；第三部分对供应链的具体优化策略进行设计和分析。

```
┌─────────────────────────────────────────────────────────────────────────┐
│  ┌───────────────┐                                              ┌────────┐ │
│  │  文献调研分析  │─────┐      ┌──────────────────────┐          ┊  前期  ┊ │
│  └───────────────┘     ├─────▶│  研究目标分析与方案设计  │          ┊  研究  ┊ │
│  ┌───────────────┐     │      └──────────────────────┘          └────────┘ │
│  │  数据收集整理  │─────┘                                                   │
│  └───────────────┘                                                         │
└─────────────────────────────────────────────────────────────────────────┘
```

生鲜电商供应链的发展现状
- 生鲜电商供应链管理的现状
- 生鲜电商供应链契约协调的影响因素
- 生鲜电商供应链管理存在的问题

案例调查　专家访谈

单渠道生鲜电商供应链契约协调优化方法
- 单渠道生鲜电商供应链的最优决策
- 单渠道生鲜电商供应链的契约协调优化

双渠道生鲜电商供应链契约协调优化方法
- 双渠道的供应商和零售商最优决策
- 基于"保鲜成本共担+收益共享"契约的生鲜电商供应链协调优化

博弈理论　运筹优化　仿真分析　契约协调

竞争型生鲜电商供应链契约协调优化方法
- 竞争型零售商生鲜电商供应链的契约协调优化
- 竞争型供应商生鲜电商供应链的契约协调优化

合作型生鲜电商供应链契约协调优化方法
- 合作型生鲜电商供应链契约协调优化
- 合作型供应链下考虑协调成本的生鲜电商供应链契约协调优化

数量统计　对比分析　委托代理　数据模拟

生鲜电商供应链契约协调优化方法研究

生鲜电商供应链契约协调优化策略
- 政府层面的生鲜电商供应链契约协调优化策略
- 企业层面的生鲜电商供应链契约协调优化策略
- 消费者层面的生鲜电商供应链契约协调优化策略

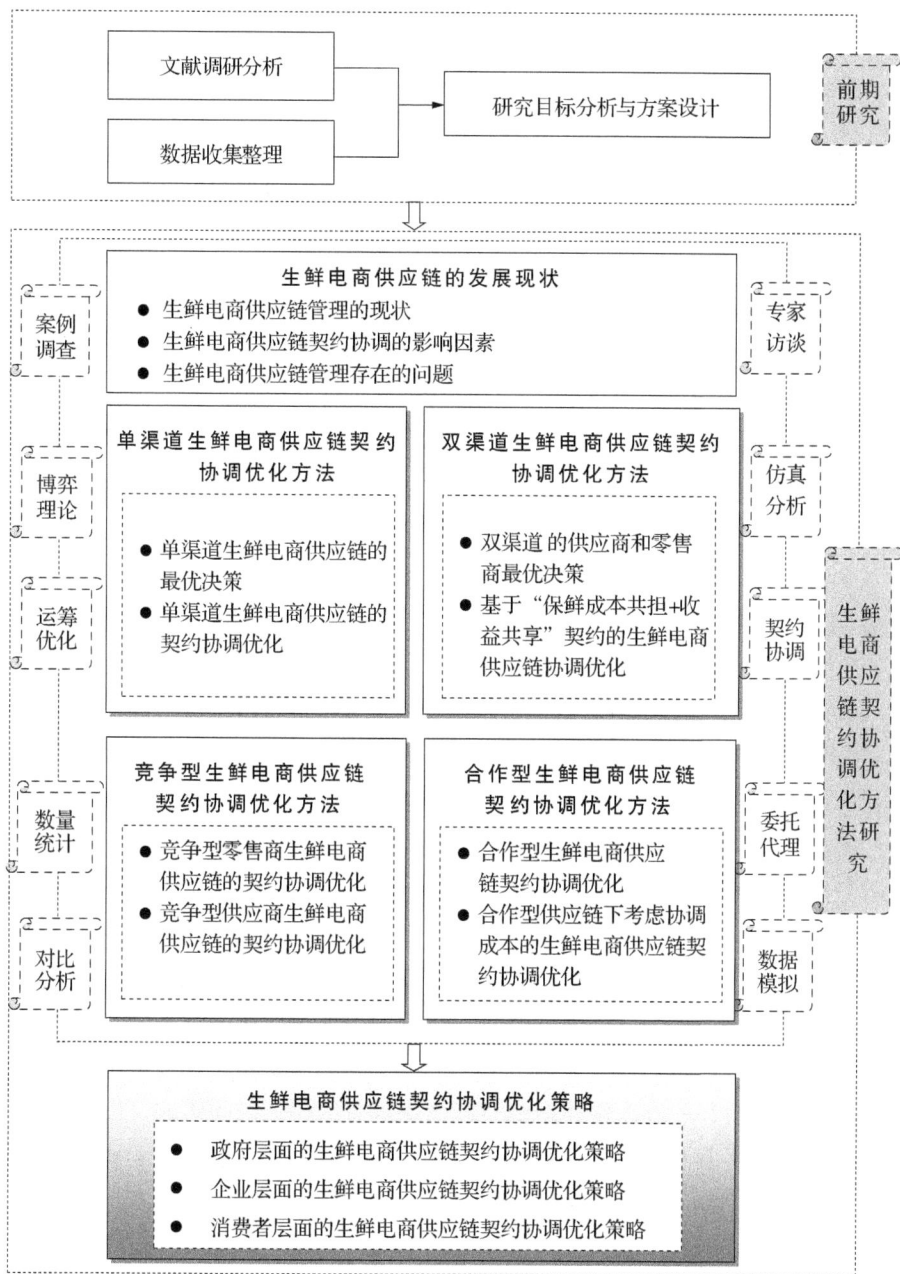

图 1.3.1　研究框架

具体研究内容包括：①基于传统电商渠道，对两级供应链体系进行研究。以委托代理、激励契约等理论为基础，对农产品质量、科技创新技术投入等因素对供应链利润所带来的影响进行研究和剖析，从而确定供应链协调的最优方案。②将市场供需、可追溯技术等因素纳入考虑范围，并以传统电商和直播电商双渠道模式为基础构建行业利润函数。深入剖析产品新鲜度及市场供需等因素对各主体决策所带来的作用和影响，并以此为基础对供应链协调机制的优化和完善进行探讨。③在给定消费者效用函数下，对竞争性经营模式进行研究和考量，并以此为基础构建供应商与生鲜电商的两级博弈模型，深入剖析混合契约在行业投资、成员利益等方面的作用和影响。④在对单一供应商与多个生鲜电商共同组成的供应链系统进行研究时，共考虑了4种情形，并结合合作模式对供应链上参与主体决策所带来的作用和影响进行探讨和分析。最后，从企业和政府两大角度出发提出优化供应链协调机制的具体举措。

1.4　研究方法

本书通过文献分析与比较分析技术、实地调研访谈与案例研究、博弈分析与数理统计研究、系统分析与协调优化研究等方法，对生鲜电商供应链的契约协调优化方法进行了探讨。因此，本书将理论研究与实证分析相结合，通过实证研究推动理论与实践的深度融合。这包括两个方面：一是需要在理论层面全面系统地梳理关于生鲜电商供应链契约协调的背景和现状的现有理论成果，包括生鲜农产品、供应链契约、供应链渠道模式等。二是在实践经验层面，通过问卷调查、调查访谈、典型分析和政策设计，充分考虑经济性和安全性的总体要求，基于生鲜电商供应链发展现状、渠道模式的契约协调优化方法和竞争合作关系的契约协调优化方法，制定了包括政府层面和企业层面的一系列具有可操作性的生鲜电商供应链契约协调优化策略。同时，由于研究问题的复杂性，采取文献分析与比较分析技术相结合、实地调研访谈与案例研究相结合、博弈分析与数理统计研究相结合、系统分析与协调优化研究相结合的方法。

（1）文献分析与比较分析技术

利用科技信息研究所和国家重点高校图书馆等机构的馆藏资源，收集国内外涉及相关研究的书籍、论文、报告、年鉴等，并查询近10年的生鲜农产品、供应链契约、渠道模式、生鲜电商供应链协调的相关研究文献。一方面，根据理论流派、企业类型和研究内容进行分类总结；另一方面，借助citespace 等书目信息统计工具和知识图谱分析工具进行文献研究，充分借鉴已有的研究成果和实践经验，进一步巩固研究的理论基础。同时，对不同地区、不同行业生鲜电商供应链的发展现状和政策进行对比分析，充分利用二手数据和权威数据库进行更深层次的挖掘。主要涉及 3 个层面：一是比较不同地区生鲜电商供应链契约协调的具体流程和做法；二是比较不同渠道模式在生鲜电商供应链供给长度、广度和网络规模上的具体差异和消费者需求；三是比较国家战略层面和制度政策层面的经验和启示，如政府补贴政策和产业技术手段，以及其未来的调整思路、核心竞争力和保障方案等。

（2）实地调研访谈与案例研究

考虑特大、大、中、小不同规模城市的相应职能部门，并收集、借阅本地区最近 10 年生鲜电商供应链企业相关的统计报告、工作报告、调研报告、研究报告；深入各地区行业协会和重点企业进行政策和需求方面的专家访谈和问卷调查。以德尔菲法为主要研究方法，以政策文本和实地调研材料为数据集，以机器学习为文本分析的核心技术，以 matlab 为统计分析的技术工具，提取主要观点和政策热点，对政策效果进行梳理、比较和评价，从而为政府制定生鲜供应链企业相应政策提供经验和参考并奠定政策工具的知识基础。同时，剖析经典案例，探讨生鲜电商供应链的现状：一是结合生鲜农产品企业的生产经营模式，分析驱动因素和演化规律；二是选取典型生鲜电商供应链企业，研究产品损耗率对多级供应链的影响；三是分析生鲜电商供应链供需失衡，探索节点企业风险偏好对供应链契约协调的影响及优化方法，增强供应链的稳定性和韧性，促进生鲜电商供应链契约协调的机制和路径。

（3）博弈分析与数理统计研究

基于博弈论理论，确立生鲜电商供应链节点企业中供应商、生鲜电商和消费者之间的成本利润关系。结合动态演化博弈分析，建立了生鲜电商供应链契约协调机制的数学模型。此外，通过全要素生产率测度和供应链各参与者契约协调的优化算法，采用计量模型、定量模型及聚类分析等方法对生鲜电商供应链管理现状和需求进行评估和诊断。具体来说，一方面，分别利用上下游合作度和竞争力度，通过聚类算法生成生鲜电商供应链企业之间的协调度，并评价其在供应链中的完整性和特异性；另一方面，从供应链契约的角度，研究供应链的竞合关系、渠道模式、生鲜电商的风险偏好、产品需求的价格弹性和新鲜度对生鲜电商供应链契约协调机制的影响，以及不同利益相关者之间风险成本、新鲜度成本分担和利益分配的决策。通过协调各主体利益深化对合作机制的研究和理解。

（4）系统分析与协调优化研究

采用系统分析方法，剖析产品新鲜度、风险偏好程度对销售量及销售价格的影响，并分析市场需求量与产品新鲜度之间的关系表达形式。以激励契约、博弈论为理论基础，构建数据模型，并结合生鲜农产品运输过程中所存在的损耗问题，对产品新鲜度及各利益主体的风险偏好与供应链利润之间的关系进行研究。在考虑保鲜努力及不对称信息等因素的情形下，基于博弈论建立"保鲜成本共担 + 利润共享"契约和"保鲜成本共担 + 回购"契约下供应商与生鲜电商之间的博弈模型。采用优化理论，探讨生鲜农产品投入保鲜前后供应链利润的变动趋势，并进行保鲜成本共担契约下供应商和生鲜电商的协调优化方法研究。同时，应用对比分析方法，比较单一契约与混合契约下达到均衡时生鲜电商供应链的总体利润及各利益主体的利润。

1.5 研究创新点

本书主要存在以下创新点：

（1）单渠道下考虑信息披露的生鲜电商供应链契约协调研究

虽然很多学者已对供应链契约协调进行了大量研究，但生鲜农产品本身所具有的特性则会对各企业的合作、成本等因素带来直接的作用和影响。因此，本书将季节性、及时性、周期性等因素纳入考虑范围之内，结合契约、委托代理等相关理论设计激励契约，并引入产品的质量及安全因素，从而确保利润得到提升，在得出相关结论的基础上，给出相应的管理启示。

（2）双渠道下考虑可追溯技术的生鲜电商供应链契约协调研究

已有研究表明生鲜农产品的价格与市场需求有着密不可分的联系。在此基础上，根据生鲜农产品的特点，考虑移动互联网背景下产品的新鲜度特征和双渠道运作模式，对利润共享契约进行了多层次论述和分析。除此之外，本书在将信息不对称问题纳入考虑范围的基础上，对利润共享契约的具体设计方法进行了探讨和分析。通过将回购契约与激励契约进行有机组合来对当前的利润共享契约进行优化和完善，从而为供应链管理及利润水平的提升提供必要的理论参考。

（3）考虑竞争因素的生鲜电商供应链契约协调研究

以往对竞争型生鲜电商供应链的研究主要集中在单个企业或供应链同一节点上各个企业的决策行为上，很少有研究学者将契约形式对投资决策的作用和影响纳入考虑范围之内。以既定效用函数为基础，将新鲜度、价格等因素对消费者决策所带来的影响纳入考虑范围之内，并以此为基础构建将供应商与生鲜电商包含在内的博弈模型，深入剖析利润分享契约对投资行为、利润分配等方面的作用和影响，本书为相关政策的制定及实际应用提供了必要的参考依据。

（4）考虑合作因素的生鲜电商供应链契约研究

在已有的研究成果中，关于多个生鲜电商共同合作的联合采购型生鲜电商供应链契约协调的文献很少。本书以合作博弈理论为基础，深入剖析了包含一个供应商与多个生鲜电商在内的供应链模式，分别针对 4 种情形进行详细探讨，并以此为基础对生鲜电商的利润分配问题进行全方位、多层次的探讨和分析，从而为各相关主体制定决策提供必要的参考依据。

第 2 章 相关理论综述

近年来，无论理论界还是实业界，关于生鲜电商供应链的模式探索和文献研究越来越多。新时代背景下，生鲜农产品供应链运营模式的发展趋势对于本研究有着重要意义。因此，本研究主要从生鲜农产品、供应链契约、生鲜电商供应链渠道模式、生鲜电商供应链协调等 4 个方面进行了深入分析。

2.1 生鲜农产品

就生鲜农产品而言，本研究主要做了两个方面的工作：一是生鲜农产品的定义和表征；二是与供应链管理相关的分析和研究。下面将从这两个部分对相关文献进行总结。

2.1.1 生鲜农产品的特性

赵帅等[5]在研究中指出，生鲜农产品的生产和消费一般在地域上相分离，且有着容易腐烂和变质的自然特点。余云龙等[6]在研究中指出，我国生鲜农产品的产业链大量依赖长距离运输，而流通环节的损耗问题依然比较严重，损耗比例高达 25%。熊峰等[7]指出生鲜农产品易腐易损，且生产周期通常较长，因此生鲜度成为影响其价值的重要因素之一。

生鲜农产品是国民生活中必不可少的消费产品，同时也是国民获取营养、保证日常生活的基本所需。然而，由于生鲜农产品具有季节性、易腐性、周期性等特征，其在运输过程中不可避免地产生大量损耗，同时，这些特性也对运输活动提出了更高的要求。就产品的表征而言，主要研究内容为新鲜度、损耗率等。

在数量损耗方面，王磊等[8]采用公式对生鲜农产品的数量损耗进行表示，$\lambda = \lambda_0 m_\lambda(c_f)$，其中 λ 表示生鲜农产品数量损耗率，c_f 表示生鲜电商在销售初期所投入的保鲜成本，$m_\lambda(c_f) \in [0,1]$ 且随着 c_f 的增加而逐渐降低。数量损耗一般情况下需要考虑运输时间、运输条件、保鲜力度等因素，这是因为这些因素影响其在批发市场和零售市场的产品供应。

在质量损耗方面，当前的学术探讨主要集中在产品的新鲜度和价值衰减上。①新鲜度对产品价值具有决定性作用，因此，在对产品价值进行计算时，引入新鲜度函数。新鲜度函数为 $\theta(t) = \theta^t$，其中新鲜度的取值范围为 $0 < \theta < 1$，这里的新鲜度函数表示产品初始的新鲜度水平，不同的产品、不同的环境对产品的新鲜度影响很大，因此函数通常表现为凹凸形式。②直接采用价值衰减函数的形式，$V(t) = V_0 e^{-\lambda t}$，其中 V_0 代表产品初始价值，λ 代表产品耗损率。随着时间的增加，生鲜农产品的价值趋于零。产品新鲜度没有具体的衡量标准，对其下降形态的描述属于生物学研究范畴，但新鲜度与生鲜农产品的市场需求量[9]一般成正比例关系，许多学者将需求函数刻画为 $D(p,t) = D(p)\theta(t)$，也就是说新鲜度作为市场需求的某种折扣因素出现。因此，当前研究通常采用的需求函数为 $D(t) = Ap^{-k}\theta(t) = Ap^{-k}\theta^t$，其中 A 代表市场规模，p 代表产品价格，k 代表需求价格弹性，$\theta(t) = \theta^t$ 代表产品新鲜度函数。

在保鲜努力程度方面，Deng 等[10]的研究中使用公式 $\theta(\tau) = \theta\tau$ 表示生鲜农产品的新鲜度，其中 θ 表示新鲜度系数，τ 表示维持农产品新鲜度所付出的保鲜努力水平。此外，承担保鲜工作需要一定的保鲜成本，其中 $c(\tau)$ 表示生鲜电商维持农产品新鲜度的保鲜成本。因此产品的保鲜成本函数为 $c(\tau) = \dfrac{1}{2}\varphi\tau^2$，这里 φ 为保鲜成本系数。董振宁等[11]以"农超对接"为背景，针对由单一生产商和单一零售商组成的生鲜农产品供应链系统，将供应商保鲜努力水平考虑在内，分别构建了集中与分散决策下的生鲜农产品供应链决策模型，结果表明，零售商主导下的供应链系统利润总高于供应商主导下的情形，且集中决策下的保鲜努力水平更高。

2.1.2　生鲜电商供应链决策

从近年来的研究来看，学者在对生鲜农产品供应链管理进行研究的过程中，主要以库存、定价方法和措施及保鲜决策等为研究对象。龚媛媛等[12]考虑生鲜农产品质量的随机变化，基于两阶段决策模型分析了动态库存管理问题。在变质风险较高、需求不确定性较低的情况下，动态库存管理策略能够使得分销商利润得到显著的提升。王淑云等[13]将保鲜投入引入冷链运转，通过构建生鲜农产品单一生产者和多个生鲜电商的多级冷链库存模型，以此来获得能够实现最大利润的方法和策略。Yan 等[14]以两级生鲜农产品供应链为研究对象，研究了两阶段定价对生鲜农产品供应链最优订货决策的影响。Han 等[15]将物联网这一信息技术要素考虑在内，通过提出整数规划模型研究了基于物联网的生鲜农产品供应链决策的问题。叶俊等[16]针对生鲜农产品跨境贸易模式选择的问题，将冷链物流服务因素考虑在内，基于不同的贸易模式构建了 Stackelberg 博弈模型并探究了生鲜农产品供应链的定价决策。胡玉生等[17]研究了卖家风险厌恶态度和消费者惯性下易逝品的动态定价策略，构建了加性效用函数下易逝品的动态定价模型，分析了风险厌恶态度和惯性行为对最优价格的影响。研究表明，消费者惯性和卖家的风险规避态度对最优价格有负面影响。Dan 等[18]考虑供应商付出保鲜努力且电商平台掌握消费者需求信息情况下的生鲜农产品供应链模式选择问题和平台信息共享策略问题，研究发现平台能否在信息共享中获得利润取决于对新鲜度的敏感程度及合作模式的选择。Zhang 等[19]研究考察了全渠道下的预售策略，结果表明，只有在退货成本较低时，生鲜电商才会采用传统的预售策略。Yu 等[20]研究了由竞争性生鲜电商和供应商构成的生鲜农产品供应链的决策问题，表明横向整合能否提高供应商的利润取决于农产品的可替代性、当产品的可替代性较低时，可以通过与供应商纵向一体化的战略提高生鲜电商的利润。

以往的研究中，大多是对供应链定价策略、生产决策和库存管理的单独研究，然而也有一些学者的研究中综合考虑了这几个因素。例如，Fan 等[21]通过提出一个包含消费者选择行为的动态规划模型，制定了生鲜电商的动态定价策略，同时根据剩余库存的数量提出了不同的补货策略。蒋云等[2]以农产品跨境贸易为背景，构建农产品三级供应链，结合跨境电商的简易模式，分析了生鲜电商供应链中的最优决策问题。方新等[3]认为生鲜农产品市场需求受到保鲜投入水平和货架服务水平双重因素的影响，研究了生鲜农产品供应链全局的最优保鲜、定价和生产决策，并使供应链系统达到协调。Liu 等[22]针对由提供保鲜的供应商和提供增值服务的电商平台组成的生鲜农产品供应链系统，研究了信息共享对均衡决策的影响。Avinadav 等[23]研究了由一个生产商和生鲜电商组成的两级易腐品供应链，根据广告费用承担角色的不同设立不同的契约，并得到了供应链最优的定价与生产决策。Gao 等[24]将保鲜努力和信息共享考虑在内，研究了分散决策下的生鲜农产品供应链，通过建立决策模型得出生鲜农产品的最优定价与保鲜和生产决策。结果表明，当生鲜电商承担保鲜努力时，最优保鲜努力水平和定价不仅受信息共享策略的影响，还受到保鲜效率的影响。曹晓宁等[25]以生鲜农产品双渠道供应链为研究对象，将新鲜度衰退和供应商保鲜努力考虑在内，深入探讨了供应链协调与决策的问题。Ma 等[26]将质量损失与数量损失考虑在内，构建了信息不对称情况下的三级生鲜农产品供应链决策模型，结果表明，分散决策会造成生产量和销售价格的扭曲，最终引发供应链系统利润的降低。段永瑞等[27]研究了采用保鲜技术的库存和定价联合决策问题，建立了库存和定价联合决策模型，其证明了存在最优水平的定价及订购策略能够达到供应链最高水平的利润，且该策略唯一。然而，从整体来看，上述研究在对供应链进行分析和探讨时，并未将协调契约纳入考虑范围。

2.2　供应链契约

在供应链管理领域，供应链契约被视作一种高效的协调策略，其目标是通过精确的信息交流和恰当的激励措施，强化供应链成员间的协作关系，从而实现整体供应链绩效的最大化，并确保各方利益得以最优配置。这种协调策略不仅有利于风险的共同分担，还推动了利润的均衡分配。当前供应链管理广泛采用了多种契约形式，其中，批发价格契约和利润共享契约尤为突出，它们在实际应用中展现了显著的成效。

2.2.1　批发价格契约

作为企业经营过程中最为常见的一种契约形式，批发价格契约是以批发价格和零售价格为基础，供应商通过分析零售商的反应，并将这些分析作为制定决策的重要参考。在不同情境中，批发价格所带来的效果不尽相同，许多学者也进行了详细的研究。罗明等[28]便针对生鲜农产品供应链中的温度控制投入问题进行了详尽的探讨与分析。他们构建了集中式和分散式批发价格决策模型，并发现"成本共担 – 固定补贴"契约模式在供应链协调方面的效果显著，成功促进了供应商、零售商及第三方物流服务商的利润实现帕累托优化，即在不损害任何一方利益的前提下，至少有一方能够获得更好的经济效益。蒋乐莲等[29]的研究深入探讨了资金受限的零售商在损失规避背景下的供应链策略抉择。他们选择从信用担保契约的维度出发，评估了在这种特殊环境下批发价格契约的协调效能。研究结果表明，引入信用担保的批发价格契约在促进供应链协调方面成效显著，同时揭示了零售商的损失规避倾向和信用担保的设定比例是影响协调效果的核心要素。马雪丽等[30]研究了生鲜农产品冷链系统中的保鲜和碳减排决策。通过设计批发价格和两部收费相结合的契约激励机制，得出了该契约可以在合理参数范围内实现冷链系统的完美协调，同时兼顾经济和环境效益。Hou 等[31]对供应商回扣政策下具有利润分享和批发价格合同的供应链进行了分析。研究发现，在供应商制定最佳利润分享和批发价格合同政策的情况下，零售商的最佳零售价格是相同的。综上所述，批发价格契约在不同供应链情境下展示了其有效的协调和优化作用。这些研究为供应链管理者提供了理论和实践上的重要见解，帮助他们在实际操作中选择和设计合适的契约机制，实现供应链整体效益的最大化。

2.2.2　利润共享契约

利润共享契约作为一种供应链管理策略，旨在通过调整商品零售价格来激励零售商提升销售量。在这一契约框架下，当零售商根据降价后的商品价格实现销售量增长时，他们会按照事先商定的比例，将部分销售利润回馈给供应商，以此作为对供应商降价损失的补偿。这种方式不仅激发了零售商的销售动力，也确保了供应商在降价策略下的利益得到合理保障。通过这种机制，供应链成员能够实现更高的协调性和整体绩效的优化。利润共享契约的核心在于通过合理的利润分配，促进供应链各方的合作与共同发展，从而实现整体效益最大化。Hadadi 等[32]构建了一个两级双通道 CLSC 协调模型，将利润共享契约与成本共享契约相结合，研究了供应商在 3 种情况（分散、集中和协调）下的最优决策。Liu 等[33]讨论了由供应商、电子商务（EB）平台和陷入财务困境的零售商组成的三级供应链金融系统（SCFS），深入研究了佣金率对均衡结果的影响，并确定了实现供应链协调的条件。此外，研究还探讨了改进后的利润共享契约，并对传统的利润共享契约和改进后的利润共享契约进行了比较分析，揭示了两者在不同情境下的优劣势。申强等[34]在研究市场需求不确定性对双渠道供应链产品质量控制的影响时，深入探讨了批发价格契约和利润共享契约对产品质量控制的作用机制，得出产品质量控制由供应商、实体门店与电商平台之间的契约关系共同影响的结论。通过精细调整契约策略的组合，可以显著提升整个供应链的质量标准，进而在充满不确定性的市场环境中实现运营效率和产品质量的双重提升。在新零售模式的背景下，范辰等[35]对供应商与传统零售商之间的物流合作和价格协同进行了深入研究。基于消费者效用理论，他们发现采用利润共享契约可以在供应链成员之间实现较为公平的利润分配，并通过最优决策策略，显著提高供应链的整体效益。方新等[3]探讨了利润共享与成本共担契约在供应链协调中的效能。其研究揭示这种综合性契约设计能够高效实现供应链全局最优决策，并促进各参与企业实现帕累托效益的改进。这一发现表明，精心设计的契约不仅优化了供应链的整体表现，还通过合理分配利润与成本，提升了各方的满意度与合作意愿。刘亮等[36]则针对生鲜供应链中的投资决策和协调问题，借助区块链技术，分析了利润共享与回购补偿契约的效用。他们的研究表明，这些联合契约能够促使供应链成员实现双赢，并通过非对称纳什均衡谈判，实现动态盈余利润的合理分配。综上所述，利润共享契约在供应链管理中具有显著影响。无论是与批发价格契约、成本共担契约，还是回购契约相结合，利润共享契约都可以在复杂多变的市场环境中促进供应链的协调与优化。这为供应链管理者提供了宝贵的理论支撑与实践指导，有效平衡了各方利益，提升了整体运作效率与市场竞争力。

2.2.3　数量折扣契约

数量折扣契约作为一种定价策略，旨在通过给予采购量较大的零售商以价格优惠，从而作为一种激励机制来影响供应链成员的行为。此策略可以促进供应链成员的有效协作，提升供应链整体效率，优化供应链运作，增强各方的合作意愿和整体竞争力。就当前的研究成果来看，许多学者在研究供应链的协调问题时引入了数量折扣契约，探讨了数量折扣契约在不同供应链情境中的应用与效果。王国利等[37]研究了在第三方物流服务提供商（TPLSP）具备保鲜成本优势情况下的外包保鲜决策。通过设计数量折扣契约，外包保鲜策略得以优化，从而提高了保鲜努力水平。研究表明，尤其是向零售商收费的策略，能够实现利润最大化。数量折扣激励契约不仅实现了帕累托改进，还使各方达成多赢效果，显著提升了供应链的整体绩效。邹清明等[38]研究在低碳供应链的情境下，提出两种融资策略：延迟付款与借贷支付。结果显示，数量折扣契约能有效协调有资金约束的低碳供应链，解决供应链资金问题并提升整体绩效。在政府奖励机制的背景下，王玉燕等[39]设计了"数量折扣联合固定费用－成本共担"契约，以协调闭环供应链系统。研究发现，政府奖励与数量折扣契约的结合有助于提升废旧品回收率和整体供应链绩效。张云丰等[40]考虑商品价格和变质时间对市场需求的影响，建立了不同决策下延迟变质物品供应链的定价和补货模型，通过数量折扣契约对生鲜供应链进行协调。他们进一步分析了延迟变质物品的特性参数如何影响数量折扣契约的协调结果。Zheng 等[41]针对多个零售商从一个供应商处采购生鲜农产品的供应链，探讨了联合采购模式下采用数量折扣合同时供应商的最优定价策略与零售商的最优采购决策。经有国等[42]在市场波动情境下，分析了供应商双渠道三级供应链的协调问题，并通过数量折扣与利润共享组合契约实现供应链的优化。研究证明，这种契约策略在市场波动环境中具有高度的鲁棒性，确保了供应链的稳定与高效运作。上述研究均显示，在面对供应链中的成本优势、资金约束、技术研发、物流配送及市场波动等复杂挑战时，数量折扣契约展现出了显著的协调效果。

2.2.4　回购契约

回购契约是供应商关于销售周期末未售产品的协议，它设定了一个低于批发价格的价格来回收这些产品，尤其适用于需求波动大、生命周期短暂或易于变质的产品类别。不同学者已探讨了回购契约在不同供应链情境中的应用及其效果，验证了其在提高供应链效率和稳定性方面的有效性。Momeni 等[43]研究由零售商和供应商组成的二级供应链，并制定新的回购协调机制，为成员的合作提供足够的激励。代建生等[44]研究了在供应商面临资金约束且分担零售商广告费的情境下，利润共享契约和回购契约的协调问题。研究表明，在正常支付的情况下，两个契约等价；在资金短缺且需要融资的情况下，回购契约优于利润共享契约，特别是在提前支付模式下，回购契约不仅能协调供应链，还能实现渠道利润的任意分配。禹海波等[45]研究发现信息收集可以使需求可变性降低，并以此结合回购契约来提升供应链绩效。结果表明，成本共担的回购契约可以同时提升零售商和供应商的利润，使合作收集需求信息得以顺利实施，有效降低需求不确定性，提升供应链绩效。于春海等[46]在闭环供应链背景下，深入探讨了零售商风险偏好下的回购契约模型。研究表明，不同风险偏好对零售商的订货策略和供应链的最优协调机制具有显著影响。蔡鑫等[47]则在需求随机背景下，探讨了供应商与资金受限零售商间供应链的协调问题。他们发现，合理的契约设计能显著促进供应链各方的协作，从而提高整体绩效。樊相宇等[48]针对单周期两级供应链中的无缺陷退货问题，构建了期望退货决策模型，并分析了不同决策下各方的预期利润。他们提出了一种改进的差异化回购契约，该契约能有效实现供应链的协调。Wang 等[49]研究了由两个竞争性供应商和一个零售商组成的供应链，其中零售商面临价格依赖的随机需求。研究发现，无论是回购合同还是与回购相关的混合契约，如混合回购与利润分享契约及混合回购与销售回扣契约，均难以实现供应链的全面协调。然而，在某些特定条件下，零售商仍能做出最优的决策选择。陈建新等[50]聚焦由风险规避且资本受限的单一零售商与风险中性的单一供应商组成的供应链。他们通过分析各方的期望利润关系，得出结论：当考虑零售商的风险规避和资本约束时，回购契约仍能作为有效的供应链协调工具。陈碎雷等[51]在需求和生产不确定性的情境下，对比了回购契约与补偿契约的效果。研究发现，对于供应商而言，当零售商的补偿单价较高时，补偿契约更为有利；反之，回购契约更为合适。对于零售商而言，回购契约在大多数情况下表现更佳，尤其是在供应商盈利空间小、生产不确定性大且需求不确定性小时。回购契约作为一种重要的供应链协调机制，通过供应商回购未售出的产品，减少零售商风险，提高订购量，从而提升整体供应链绩效。上述文献表明，回购契约在应对供应链中的资金约束、需求不确定性、风险偏好等复杂问题时，表现出显著的协调效果。这为企业在实际应用中设计和实施回购契约提供了理论支持和实践指导，促进了供应链管理的优化与发展。

2.3 生鲜电商供应链渠道模式

随着互联网的快速发展，供应链渠道模式越来越多，单渠道模式和双渠道模式较为常见。在供应链管理中，不同的渠道模式对于供应链协调的影响是非常大的。

2.3.1 单渠道模式

在单渠道供应链研究方面，许多学者针对产品新零售背景下的配送问题展开研究。Jiu 等[52]针对网络零售商的联合网络配送问题，在多周期随机模型基础上引入 Benders 分解算法，并使用京东真实数据案例证明了此算法的可用性。Boysen 等[53]将共享经济理念转移到零售商产品的最后一千米配送中，提出了一个 Benders 分解程序，研究了互联网众筹与供需匹配的优化问题。Du 等[54]分析了空间众包方法在网上订单配送中的应用，实现了配送过程中成本与时间的平衡。赵泉午等[55]在考虑多业态生鲜零售门店选址布局、冷链设施配置等生鲜新零售特征的基础上，构建了一个非线性混合整数规划模型，研究新零售背景下生鲜连锁企业城市配送网络的优化问题。周鲜成等[56]针对生鲜农产品冷链物流配送的绿色车辆路径问题，构建了双目标数学模型，设计了一种基于 NSGA-Ⅱ和变邻域搜索的混合算法，来有效降低产品配送成本并提高顾客满意度。

此外，越来越多的学者开始关注生鲜电商的定价及库存策略。Wang等[57]对于由产量不确定的供应商和生鲜电商组成的两级供应链，采用期权合约来协调整个供应链的订货和生产，设计了供应商产量完全合理的批发价格契约来协调供应链。Guan 等[58]建立了一个分布鲁棒优化模型，并借助模糊集研究了生鲜电商的库存控制和电子配送问题。Tim 等[59]基于生鲜电商的最后订单、POS 数据和预期交货时间需求，创造性地提出了一种库存建模方法来预估生鲜电商的渠道库存。徐琪等[60]考虑了在不同的成本分担机制下，共享供应链的及时交货率和利润的变化情况。锁立赛等[61]基于客户需求偏好，构建了无人零售终端资源整合中供应链成员的选择机制和整合优化模型。

2.3.2　双渠道模式

在双渠道供应链研究方面，较多学者从提升供应链效益的动机出发，研究了双渠道供应链的最优定价决策问题。在 Shi 等[62]的研究中，针对由供应商、生鲜电商和实体店组成的双渠道供应链，考虑供应链的不同权力结构，研究了 3 个成员之间的纵向和横向竞争，构建了 3 个博弈模型来确定最优定价决策。Sun 等[63]考虑了两种定价策略，其中供应商和生鲜电商同时（ST）或顺序（SQ）提出他们的销售价格，研究了供应商在两种模式下的定价决策时机。Li 等[64]分别考虑了双渠道供应链中生产商主导、生鲜电商主导和双方权利对等的 3 种权力结构，采用随机动态规划的方法建立决策模型，以确定供应商与生鲜电商如何在不同时期调整定价和库存决策。Chenavaz 等[65]提出了一种双渠道定价的跨期分析模型，研究当线下和线上渠道整合时，生鲜电商如何设置差异化的动态定价策略。Zhao 等[66]考虑了一个由供应商和生鲜电商组成的双渠道生鲜供应链，采用博弈论模型分析了差别和非差别定价下的区块链追溯系统采用策略。王道平等[67]通过分析双渠道供应链中集中式与分散式决策下的供应商与生鲜电商的最优定价与利润，研究了电商平台拼购折扣活动对双渠道供应链定价策略的影响，并设计了分散式决策下基于 Shapley 值的协调定价方案。杨家权等[68]针对双渠道供应链中生鲜电商持有策略性库存的情形，建立了一个两周期 Stackelberg 动态博弈模型，分析生鲜电商行为对双渠道供应链定价决策的影响。

同时，较多学者也针对双渠道供应链下不同策略及模式的选择问题进行了研究。Zhang 等[69]考虑消费者对于渠道的偏好程度，结合供应商、零售商和渠道的运营成本等因素，分析了供应商在 3 种不同渠道策略中的渠道选择决策，研究了供应商在不同消费者渠道偏好水平下如何选择销售模式。Tian 等[70]考虑了跨渠道的横向差异化，探讨了面对搭便车者的供应商应如何决定渠道差异化策略，即通过在线渠道和独立生鲜电商销售同质或差异化产品。Zhen 等[71]通过考察线下渠道与电商渠道的相互作用，建立了一个具有溢出效应的模型，并探讨了在 D、MR、MA 3 种不同的供应链结构下，生鲜电商是否应该使用第三方平台及其销售方式的偏好，分析了溢出效应的影响。胡劲松等[72]探讨了厂商有权开辟线上渠道，进行线上线下混合渠道销售，这样不仅提高产品质量，同时提升服务水平，进而优化整个生鲜电商供应链。总体来说，生鲜电商线上线下混合销售模式更有助于企业的长远发展。

2.3.3 全渠道模式

目前比较常用的全渠道购物模式有线上购买线下取货（BOPS）、线下体验（showroom）、线上购买线下退货（BORS）等。其中，BOPS 作为商家广泛采用的全渠道零售方式，得到了学者们的广泛关注。Wang 等[73]考虑到消费者在电商渠道中承担的运费会对竞争性生鲜电商采用 BOPS 渠道产生影响，建立了一个博弈论模型，在不同电商渠道运费具有差异的情况下，分析了生鲜电商的价格策略和渠道策略。李宗活等[74]分析了线下、纯线上、BOPS 渠道同时开通并在线上投放优惠券的全渠道体系不同渠道组合的形成条件和市场划分，认为应根据消费者行为特征设计不同的"价格 – 优惠券"组合，以提高零售商的利润水平。胡娇等[75]研究了由单一生产商和单一生鲜电商组成的全渠道供应链中的广告合作和定价策略。研究表明，全渠道模式下生鲜电商的利润水平受 BOPS 佣金水平的影响，广告合作并不总能提高生鲜电商的利润。

此外，许多学者对 showroom 的开放对渠道产生的影响进行了研究。Qiu

等[76]考察了以供应商为主导的双渠道供应链中建设 showroom 对高类型和低类型消费者的不同影响。研究表明，高类型消费者在体验成本较低时和低类型消费者在逛店成本较低时会转向线下零售商购买产品，生鲜电商与供应商针对这种情况将采取相反的定价策略。Li 等[77]考察了不对称信息下竞争对 showroom 渠道合作最优策略的影响，并分析了最优策略下的均衡结果。研究发现，在信息不对称竞争条件下，showroom 隐藏信息产生负信息效应，提高体验服务水平创造正服务效应，最优的渠道策略取决于两者之间的权衡。马勇等[78]针对网络零售中的商品匹配不确定问题，提出了建立虚拟展厅和赠送退货运费险两种策略，构建不同情形下的双寡头竞争模型，研究了网络零售商和实体零售商的定价策略。

同时，越来越多的学者也开始对 BORS 这种新型销售模式展开研究。Yan 等[79]研究了两个零售商提供 BORS 策略的最优条件，研究表明，当两个零售商都实施 BORS 策略时，如果消费者数量足够大且单位交叉销售利润相对较小时，两个零售商都应提供全额退款退货政策，否则应提供部分退款。Liu 等[80]考虑了零售商何时选择单独或联合采用 BORS 与 BOPS 时利润最高。研究发现，当交叉销售利润足够低时，零售商单独采用 BORS 最优，而当交叉销售利润足够高时，同时采用 BORS 与 BOPS 比单独采用 BOPS 策略更好。赵菊等[81]基于消费者更偏爱实体店退货的现状，建立了不同退货策略下的 Stackelberg 定价博弈模型，分析了网络零售商的跨渠道退货策略的选择问题。

2.4　生鲜电商供应链协调

近年来，越来越多的学者在对生鲜农产品进行研究时引入了供应链管理相关思想。供应链协调水平的提升能够为产业经济效益的提升及经营模式的优化带来显著作用，因此，供应链的博弈分析已成为当前研究领域的关注重点。

2.4.1　博弈分析

由于供应链中所包含的供应商及生鲜电商在数量上有着明显差异，因此，在使用博弈分析进行研究时，主要以不同的结构为研究对象，如一对一、一对多等。具体有以下几种情形。

（1）传统电商的博弈分析

在单渠道博弈中，喻鸣谦等[82]在 Stackelberg 模型下研究生鲜电商和供应商的定价问题，并讨论了退货率对两种销售渠道的最优价格决策的影响。Tian 等[70]探讨供应商应是否需要通过自身的在线渠道和独立零售商销售同质或差异化产品确定最优策略。He 等[83]从竞争角度针对一个网络零售商和一个线下零售商建立博弈模型，考虑网络电商的进入对线下零售商定价和订货策略的影响。在多渠道博弈中，陈克兵等[84]基于供应商渠道权力结构的不同分别构建两级供应链博弈模型，分析消费者绿色需求敏感度与渠道权力结构对产品定价、订货数量、绿色成本投入及供应链成员利润的影响。通过博弈分析发现，当消费者绿色需求敏感度较低时，零售商在绿色供应商与传统供应商的纳什博弈中获得的利润最大。Rahmani 等[85]针对市场需求中断情形，研究了双渠道绿色供应链的定价和绿色问题，并在去中心化场景中对供应商和生鲜电商进行了 Stackelberg 博弈分析。Wang 等[86]从产品绿色度和电商平台服务角度出发，研究了绿色供应商公平关切下绿色电商供应链的决策与协调，结合产品绿色度和服务水平，分析构建了集中式和分散式模型，提出"成本分摊联合佣金"契约，实现供应链协调。

另一些学者针对生鲜农产品供应链进行分析。林强等[87]考虑了生鲜农产品生产成本信息的不对称性和检测不确定性，利用博弈理论构建了平台销售和自营销售两种模式下的供应链决策模型，以探讨生产商和电商企业的最优决策行为及其销售模式的选择。田宇等[88]考虑生鲜电商与社区零售商合作模式下组成的 O2O 生鲜供应链，建立包含价格、保鲜投入、增值服务水平的需求函数，并讨论批发和佣金两种模式下鲜度敏感系数对供应链最优决策的影响。最后利用转移支付契约，分析合作模式改善对各策略的影响。刁姝杰等[89]基于决策者的有限理性，将期望理论与演化博弈相结合，运用前景理论中的价值函数与决策权重函数，改进演化博弈中的利润矩阵，并进一步探讨各参与者的风险态度、认知损益价值等心理因素。

（2）直播电商的博弈分析

一些学者针对直播独有的特征进行相关研究。王辰宇等[90]考虑部分顾客选择观看直播进一步了解产品信息，探讨了供应商销售模式及直播营销策略的选择。段永瑞等[91]进一步结合直播实时性与互动性能有效传递产品信息的这一特征，建立由供应商与生鲜电商构成的供应链，通过博弈模型探讨了生鲜电商的直播决策和销售模式选择。Cui 等[92]结合直播电商可减少消费者对产品适合性的不确定性这一特征，得到卖方的最优定价决策并描述了当平台佣金率为外生时供应链企业的利润特征。熊浩等[93]对直播带货双渠道供应链定价与协调问题展开了研究，以主播特性、基础报酬系数、佣金系数为基础，建立需求函数和利润函数，为传统零售企业及主播的直播带货决策提供理论依据。

另一些学者从主播特征这一角度进行分析，Lu 等[94]的研究揭示了主播对消费者信任的培养如何影响消费者的购买决策。Wang 等[95]从薪酬机制的角度，在平台和主播之间建立博弈模型，分析了平台抽成比例对供应链整体效益和利润分成模式的影响。Zhang 等[96]探讨了顶级主播和普通主播直播产品质量轨迹优化的理论条件，为直播电商供应链在不同主播类型及特征下做出有效决策提供参考。张志坚等[97]为了探究主播类型对直播渠道定价和供应商渠道选择的影响，构建头部主播和普通主播带货情形下的利润函数，并得出博弈中存在"马太效应"临界条件。

2.4.2　契约协调

近年来，越来越多的研究学者在对生鲜农产品供应链进行研究时，以系统整体运行的影响因素为研究重点，以期为效率及质量的提升带来参考和借鉴。立足于当前的客观形势来构建新型供应链模式，并对各主体之间的利益关系进行研究，在结合数量折扣、利润共享等契约的基础上进行改进，提升利润分配的科学性，从而确保各方均能够获取最大利润。Yan 等[98]研究了考虑消费者战略行为的生鲜农产品供应链协调方法。在集中决策下关注消费者行为与消费者风险对供应链决策的影响；在分散决策下，设计了基于批发价格和利润共享的 2 种协调契约。Li 等[99]结合公平偏好相关理论，探究了生鲜农产品供应商和社区团购平台之间的利润共享契约，将其作为供应链协调机制，分析供应商保鲜努力对供应链的影响。赵帅等[5]以生鲜农产品预售模式下的双渠道供应链协调为研究对象，综合考虑生鲜农产品的新鲜度、价格等因素，建立成熟后的流通损耗与新鲜度之间的线性模型，比较集中式与分散式两种均衡策略下的价格折扣界限，设计"批发价格 + 固定补偿成本"契约进行协调，以使所有成员从中获益。曹晓宁等[25]针对供应商主导的双渠道供应链，分别设计两部定价契约、批发价格契约和由成本分担与补偿策略构成的混合协调契约 3 种契约方式，并对其进行比较，发现 3 种契约都可以在特定的条件下提高各成员的利润，从而达到供应链的协调。

在实际生活中，对于生鲜农产品而言，其新鲜度将会对其市场需求产生直接影响。部分学者在研究时针对新鲜度在不同供应链中的作用和影响进行了全方位剖析。郑琪等[100]以"农超对接"模式下的生鲜农产品供应链为研究背景，采用利润共享契约对供应链中的各参与主体的各项利润成本构成进行分析，探讨改进的利润共享契约对供应链各项关键指标的影响及协调优化情况。王道平等[101]结合产品的保鲜努力、运输时间等因素，对生鲜农产品供应链的决策问题进行分析，采用成本分担契约对供应链进行协调优化研究。刘亮等[36]研究了在不同情境下区块链技术的投入对生鲜电商供应链的影响，通过利润共享契约、回购补偿契约对生鲜供应链进行协调优化，进而实现利润最大化。方新等[3]设计了一个兼具利润共享和成本共担属性的协调契约，对考虑产品保鲜和货架服务的生鲜农产品供应链进行改进。Chen等[102]采用批发价格和期权混合契约，研究了生鲜农产品企业的订货行为和定价决策。Xu等[103]针对生鲜农产品时变质量与时变敏感性相互作用所导致的降价问题，生鲜供应商与平台通过批发价格契约和利润共享契约进行协调，分析两种契约下的生鲜农产品降价政策。上述研究均将生鲜农产品的损失因素纳入了考虑范围之内，然而，此类研究并未将风险偏好等因素纳入考虑范围之内。鉴于此，对风险偏好、市场供需进行综合考虑来对契约协调机制进行探讨和分析，不仅能够对当前的理论研究进行有效拓展，也能为实践活动的开展提供必要的参考依据。

2.5　研究评述

根据国内外现存的理论研究文献，对其进行筛选、归纳和总结，发现当前的理论研究主要涉及定价、库存管理、订货策略等方面，同时，还有部分研究内容以政府投资和管控为主要研究对象，并且取得了大量的研究成果。然而，就生鲜农产品的供应链而言，供应链契约视角下的研究还有待拓展，探究上下游企业如何在不损害自身利益的前提下，通过有效的契约形式减少产品损失，从而最大限度地优化其运作效率。具体内容如下：

第一，虽然当前已有大量学者针对供应链协调进行了多角度、多层次的分析和研究，但此类研究并未将生鲜农产品的基本特性纳入考虑范围之内，同时也未对生鲜电商本身的风险偏好进行研究和剖析。就供应链管理方面的研究而言，绝大多数学者的研究重点在于订货、定价及库存管理等方面。目前，关于供应链企业在降低产品损耗率的同时，如何根据客观形势引入最合适的契约机制，以及风险偏好对各主体的利润及决策所带来的影响，仍然缺乏相关研究。

第二，就生鲜农产品的供应链而言，利润共享契约是当前应用最为广泛的一种契约模式。因此，也有部分学者以利润共享契约为研究背景，深入剖析了产品损耗率与利润之间的具体关系，但就过去的研究来看，通常将市场需求设置为固定值。然而，市场需求通常因价格的变化而发生变动，因此，在对生鲜农产品的供应链进行分析和研究时，有必要引入价格变动因素，并将决策因素纳入考量。在此基础上，研究如何采用混合契约优化供应链的运行效率，在降低损耗率的基础上，最大限度地提高各主体的利润。

第三，虽然也有部分研究学者针对利润分配问题进行了探讨和分析，但很少有研究学者针对产品价格与新鲜度对决策带来的影响进行探讨。从另一层面来看，在过去的研究中，研究学者在对供应链协调机制进行研究时通常采用单一契约模式，但从实际来看，这一模式已与当前的现实背景脱轨，无法从根本上提高供应链的管理效率和水平。基于此，将成本及利润分担加以组合来形成混合机制，能够有效突破单一模式的局限性，同时，在现实问题的解决方面也具有独特的作用和优势。

第四，虽然当前已有许多学者针对供应链的协调问题进行了多层次、多角度的研究，但此类研究通常只针对普通产品开展，并未将生鲜农产品的基本特征纳入考虑范围之内。除此之外，在对生鲜电商之间的竞争进行研究时，研究学者也大多采用合作博弈来提高利益分配的公平性和合理性。在生鲜农产品供应链契约协调机制方面，文献多集中于一对一供应链或一对二供应链模型，少有研究学者能够针对一对多供应链模型来进行决策相关问题的分析。

第3章 生鲜电商供应链的发展现状

3.1 生鲜电商供应链管理的现状

目前，生鲜农产品已逐步与电子商务、互联网等加以融合，大大推动了商品流通体系向多元化方向发展。商超、生鲜前置仓、生鲜电商、直播电商等多元化零售业态将为供应链整合提供更广阔的空间。在产品成本、质量管理和产品品牌建设等方面，仓储管理和冷链运输的布局调整将是最重要的影响因素。2021—2023年农业农村部历经3年全面完成农业种质资源普查，对2323个农业县（市、区）进行了摸排，发布了具有潜在价值的农作物、水产品、畜禽等资源。健全而强大的生产供给体系激发了大家对生鲜农产品的更多要求。近年来，随着世界贸易的加速发展，农业经营中也出现了经济全球化的发展趋势，这更有利于我国生鲜农产品的生产和供应。

与此同时，随着经济的快速发展，消费者对食品尤其是生鲜农产品的安全、绿色、健康的认知度越来越高。根据国家统计局数据显示，2024年我国人均生鲜类食品消耗量262 kg，比2014年增长30%。因此，生鲜农产品市场有很大的增长空间。从2013年到2023年，我国生鲜农产品的产量和产值都有所增加，如图3.1.1所示。从根本上说，国内生鲜农产品市场建设期较短，因此在管理设施、相关服务等方面尚未发展到完备阶段。除此之外，国内当前的冷链运输水平也不容乐观。冷链物流商品流通率低、需求量大和结构性矛盾是制约供应链管理发展趋势的主要原因，也是生鲜供应链未来发展的关键驱动力。生鲜农产品物流规模虽然可以达到万亿元，但冷链装备水平仍然相对较低，因此生鲜农产品冷链物流升级仍有巨大空间。

互联网技术的融入使得生鲜农产品行业信息化程度越来越高，生鲜电商行业的发展突飞猛进。由于电商能够节省时间成本，越来越多的消费者选择生鲜电商来满足日常生活的基本需求。其中，每日优鲜、盒马鲜生、京东生鲜、叮咚买菜、美团买菜等生鲜电商占据了大量市场，行业市场规模由

2018 年的 1950 亿元上升到 2023 年的 6702 亿元，如图 3.1.2 所示。

图 3.1.1　2013—2023 年我国生鲜农产品产量及产值

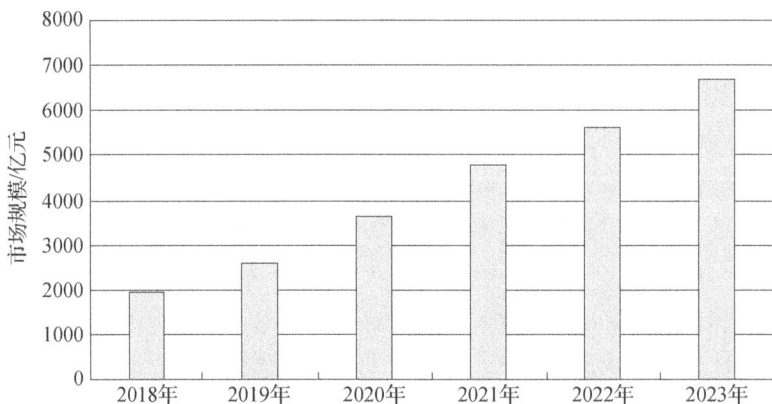

图 3.1.2　2018—2023 年我国生鲜电商行业市场规模

近年来，越来越多的组织和机构开始关注生鲜农产品供应链的发展特征、发展趋势等。整体来看，生鲜农产品在生产系统中的客户需求和冷链运输的发展空间很大，大量的市场需求要求更高质量的供应链运作体系和更高的运营效率。本书在研究供应链管理时，引入了 SWOT 分析法。

（1）优势（strength）

该部分主要从气候、地理资源、运输等几个方面分析了生鲜农产品供应链管理的优势。气候优势：我国大部分地区为季风气候，具有多雨炎热的气候特点，有利于农产品的生长。地理优势：我国幅员辽阔，资源丰富，且土壤肥沃、地势平坦，因此在农作物种植方面具有得天独厚的地理资源优势。交通优势：我国的交通非常便利。航空、铁路及水运交通方便且快捷，高水平的交通运输体系为农产品的运输提供了必要的前提条件。除此之外，在经济得到迅猛发展的背景下，国内物流设施不断优化和完善，物流园区、货运站等均得到了优化和完善，此类因素为物流活动的开展打下了良好的基础。

（2）劣势（weakness）

①冷链物流涉及多个环节但目前我国的冷链物流体系尚不完善。从整体情况来看，许多农产品的交易和运输仍然处于"农户＋批发商＋销售商"的传统模式，在此背景下，农产品的运输成本居高不下，且运营效率不容乐观。除此之外，近年来，农产品价格持续上涨，同时，第三方物流的发展水平不容乐观，冷链物流缺乏系统、完善的机制和设施，各相关企业之间也缺乏必要的沟通和交流，这造成了信息不对称问题。在此背景下，高效、系统且完善的农产品物流配送体系难以形成。

②产品质量不容乐观，安全问题频频发生。由于我国生鲜农产品物流起步较晚，农民对生鲜农产品物流没有很好的认识，流通市场对生鲜农产品的标准化包装程度较低，无法充分发挥保护作用，因此对其新鲜度产生了不利影响。与此同时，绿色产品在产品总量中占比较低，农药残留问题未从根本上得到解决。

③高素质物流人才短缺。就目前的整体情况来看，冷链物流行业的从业人员大多缺乏专业教育背景或正规培训，综合素质不高，这给物流行业的发展带来了不利影响。

④技术落后，自动化水平低，且各运输系统之间的匹配程度较低。产品质量追溯系统、定位系统等全程监管的先进技术应用范围较小，且生鲜农产品行业整体信息化水平不高。

（3）机会（opportunity）

行业的发展及市场需求量的增加为农产品物流行业带来了巨大的发展契机。随着农业现代化水平不断提升，我国农业发展的经营模式、资源配置等均得到了不同程度的优化。在此背景下，农民希望能够提高商品流动效率，并降低运输成本，以此来获得更高利润，这一发展趋势为农产品物流行业的发展注入了不竭的动力。除此之外，近年来，大数据、云计算等先进技术不断普及，给产品的控制、运输效率的提升等带来了显著的积极作用。在国家高度关注农民问题的基础上，各级部门均采取有效措施来推动物流网络的优化和完善。在国民生活质量不断提升的背景下，生鲜农产品的需求量急剧上升，给农产品物流行业的发展带来了推动力。

（4）威胁（threat）

一是农产品本身的特点。农产品种类众多，且具有明显的地域性、周期性和季节性等特征。除此之外，此类产品大多保鲜期较短，极易发生变质或腐烂的现象。农产品的这一特征给物流、包装、运输等活动的开展带来了巨大挑战，同时，物流风险也显著提升。二是国外物流企业带来的竞争压力。我国物流行业起步较晚，因此与韩国、日本等邻近国家相比，物流水平相对落后。近年来，在市场、企业、政府等的推动下，农产品行业稳步发展，各物流企业之间的竞争行为必然会给物流行业的发展带来最直接的影响。三是技术壁垒对农产品构成的威胁。近年来，越来越多的国家为了保护本国农业的进步和发展，纷纷采用提高技术标准、提高关税等措施来对其他国家的农业出口加以限制，因此给我国这一农业出口大国带来了巨大威胁。

鉴于此，在当前新的经济形势下，供应链运作效率的提升成为重中之重，并且能够为行业的发展带来积极作用。因此，本研究以生鲜农产品供应链为对象，深入剖析其协调优化策略，以期为行业的发展注入新的推动力。

3.2 生鲜电商供应链契约协调的影响因素

生鲜农产品具有明显的季性、周期性等特征，大多保鲜期较短，容易发生变质或腐烂的现象，因此，产品供应链的稳定性尤为重要。就当前的具体形势来看，供应链主要存在信息不对称、利益不均衡、价格波动大、运输损耗高等问题，此类问题的存在对供应链各主体均产生了不良影响。在生鲜农产品供应链中，有大量的冷库等资产专用性强的设备，这对联盟成员的谈判能力有很大的影响。然而，无法采用定量方式来对产品的新鲜度、谈判能力、讨价还价能力等进行测算和衡量。同时，联盟成员愿意在正式契约，或者订单农业的基础上寻求密切的非正式长期合作。因此，契约协调在供应链管理水平的提升方面发挥着极其显著的作用。

3.2.1　生鲜电商供应链协调的影响要素

生鲜电商供应链协调受多种因素的影响，结合生鲜农产品本身的易腐特性及供应链与其他产品供应链的差异，以下从供应链参与者、外部环境、物流运输和信息共享程度 4 个方面分析了生鲜供应链的协调因素。

（1）供应链参与者的影响

①生产农户的供应影响。由于在生鲜电商供应链中，包括规模较小的生鲜农产品生产企业和大量分散的农户，这些供应商的差异较大，比较分散，因此，如果下游企业不能得到有效的管理，整个供应链的效率就会受到影响，从而导致整个供应链的损失。

②消费者的需求影响。各地的生活方式和收入水平各不相同，个人需求也在不断变化，这使得生鲜农产品供应链变得复杂，更难预测一种产品的销量。因此，我们应该更加关注生鲜电商供应链中消费端的需求影响，并把握其规律性。

③中间商带来的风险。在生鲜农产品供应的中间环节中，销售者的作用不可低估，其在供应链中具有一定的互补性。为了获得更高的利润，中间商可能会在物流中间环节影响生鲜农产品的新鲜度。因此，一方面要加强对中间商的管理，另一方面要增加信息的公开度和透明度。

（2）外部环境的影响

生鲜电商供应链的外部环境也会对整个供应链的发展产生一定的影响，影响生鲜农产品的质量和销售利润。我国生鲜农产品供应链发展相对缓慢，基础落后，这严重影响了供应链中的硬件和软件环境。物流相关政策法规的出台为供应链企业提供了良好的经营环境，但也在一定程度上制约了供应链企业的活动。另外，自然环境也会影响生鲜农产品的品质。

（3）物流运输的影响

在供应链中，生鲜农产品必须经过从农田到消费者餐桌的物流运输环节，因此物流环节的优化至关重要。随着社会经济的快速发展，生鲜农产品市场不断壮大，物流运作是供应链正常运作的关键环节。同时，客户的需求是不断变化的。市场需求的多样化和个性化对现代生鲜农产品物流提出了更高的要求。为适应市场变化，有效的生鲜农产品物流配送策略已成为农村经济稳定发展的关键。这不仅是促进农村经济稳定发展的重要因素，也是实现农民增产增收的战略举措。然而，与西方发达国家相比，我国仍有一些地方需要改进。物流环节中的物流系统与供应链的运作效率密切相关。生鲜农产品易腐烂，对供应链中硬件和软件的要求很高。因此，优化物流系统，提升供应链的整体效率，是我国生鲜农产品物流体系需要重点解决的问题。

（4）信息共享程度的影响

不完全的产品信息容易导致不准确的信息选择行为。在生鲜农产品市场中，相关法律、认证制度、生鲜农产品检验等方面都有了很大的发展，但就目前的生鲜农产品行业而言，信息系统的建设仍然存在着不容忽视的缺陷，信息不对称问题的存在不仅会导致各方之间的矛盾和误解，同时也会引发恐慌。生鲜农产品供应链较长，供应链末端的消费者很难知道产品的来源，而供应链各节点企业之间的产品信息不透明。就生鲜农产品的供应链而言，各主体之间的交流和沟通能够有效避免信息不对称问题。然而，从实际情况来看，当前供应链中的信息系统建设尚存在许多问题，为此我国不断加快建设信息平台，完善信息系统，促使生鲜供应链高效协同运作。

3.2.2 生鲜电商供应链协调的影响机制分析

契约通过有效协调影响供应链协调的因素，促进供应链各方利益最大化，即如何减少需求变化引起的牛鞭效应和供应链成员目标不一致造成的双重边际效应。下面从这两个方面进行分析。

（1）供应链协调目标

1）降低牛鞭效应

在供应链系统中，信息失真是造成牛鞭效应的直接因素，这一问题将会给企业的发展带来毁灭性打击。通过引入供应链契约，这一问题能够得到有效改善，主要体现在如下几个方面。

①签订供应链契约能够帮助企业提高库存管理水平。从本质上来看，供应链契约本身具有灵活性、稳定性的特征，因此，在该契约模式下，所有企业均能够降低安全库存，这一趋势能够帮助企业有效降低库存风险。

②从根本上来看，牛鞭效应产生的根本因素是利益主体的理性优化行为。然而，供应链契约能够有效确保合作的具体化，从而为整体利益最优目标的达成奠定良好的基础。

③各合作企业能够通过签订契约来明确自身的权责，在传统的供应链中，下游所提供的需求信息通常被视为上游企业开展需求预测活动的依据和来源。通常情况下，如果下游组织提交订单，则上游企业将以该订单为依据

对未来需求进行预测，并根据预测结果对产量进行优化和调整，同时，企业产量的调整也将对供应商的生产产生直接影响。这就是牛鞭效应产生的主要原因。对于已经签订供应链契约的企业来说，下游企业的订单通常为固定数量，即使发生变化，也能够将其控制在合理范围内，因此通常不会对市场需求产生大规模影响。在此背景下，上游节点企业无须对下游企业的订单需求量进行预测，因此能够有效避免信息滞后问题所带来的负面影响，从而对牛鞭效应产生抑制作用。从另一层面来看，供应链契约的签订能够对当前的信息共享机制进行有效优化，从而避免信息不对称问题对企业所产生的不良影响。

2）抵消双重边际效应

所谓双边际化，指的是供应链各利益主体在采取措施提高自身经济效益的同时，必然会给供应链的整体利润带来不良影响。供应链契约能够对这一问题进行有效改善，其通过科学合理的激励措施来对各利益主体之间的关系加以协调，以最大限度地降低分散利润与集中利润之间的差距。即使无法取得最优值，也能够通过帕累托法则来获取当前形势下的最优方案。因此，供应链各利益主体能够通过签订契约来降低双重边际效应给效率所带来的负面影响，从根本上确保合作质量和效率的提升。

（2）契约协调的必要性分析

本部分比较分析无契约与有契约情况下生鲜电商的最优新鲜度和供应链整体利润的变化情况，对契约协调的必要性进行探讨。

1）无契约情形

当供应商和生鲜电商之间没有契约时，供应商的利润取决于销售利润和生产过程中发生的成本。销售利润由出货价格和出货数量决定，而成本则取决于供应商的生产成本、保持新鲜度的成本等。

结论 3.1 在没有契约的情况下，供应商提供给市场的新鲜产品的新鲜度低于有契约情况下的新鲜度，供应链的利润没有最大化。

证明： 无契约情形下，市场需求量 $D_1 = \alpha P_1^{-k}\theta$，$C_1 = \dfrac{1}{2}\rho\theta^2$ 代入供应商的利润函数，得

$$\pi_{s1} = P_1\alpha P_1^{-k}\theta - C_0\alpha P_1^{-k} - \frac{1}{2}\rho\theta^2 - C_{t1}。 \qquad (3\text{-}2\text{-}1)$$

其中，θ 表示产品的新鲜度，α 表示市场规模，k 表示需求价格弹性系数，

P_1 表示生鲜品的零售价格，C_1 表示生鲜品的保鲜成本，ρ 表示保鲜成本系数，C_0 表示产品的变动成本系数，C_{t1} 表示生产成本，C_{t2} 表示产品的采购成本，V 表示消费者认为产品的价值。

对供应商的利润关于新鲜度求导，可得

$$\theta_1^* = \frac{P_1 \alpha P_1^{-k}}{\rho}。 \tag{3-2-2}$$

供应商的最优利润为

$$\pi_{s1}^* = \frac{P_1 \alpha^2 P_1^{1-2k}}{2\rho} - C_0 \alpha P_1^{-k} - C_{t1}。 \tag{3-2-3}$$

生鲜电商购买具有新鲜度的生鲜农产品后所能获得的最优利润为

$$\pi_{r1}^* = (V - P_1) \frac{\alpha^2 P_1^{1-2k}}{\rho} - C_{t2}。 \tag{3-2-4}$$

由此可得供应链的最佳利润，即

$$\pi_{T1}^* = \frac{(2V - P_1) \alpha^2 P_1^{1-2k}}{2\rho} - C_0 \alpha P_1^{-k} - (C_{t1} + C_{t2})。 \tag{3-2-5}$$

2）有契约情形

当供应商与生鲜电商签订契约时，供应商与生鲜电商的利润发生变化，产品的新鲜度比未签订契约时要高。

结论 3.2 在有契约的情况下，双方达成供应链协调，并保持长期合作，生鲜电商鼓励供应商提高产品的新鲜度。

证明： 有契约时，整个生鲜电商供应链的利润为

$$\pi_{T2}^* = VD - C_0 \frac{D}{\theta} - C_1。 \tag{3-2-6}$$

对供应商的利润关于新鲜度求导，可得

$$\theta_2^* = \frac{V \alpha P_1^{-k}}{\rho}。 \tag{3-2-7}$$

生鲜电商供应链的最优利润为

$$\pi_{T2}^* = \frac{V^2 \alpha^2 P_1^{-2k}}{2\rho} - C_0 \alpha P_1^{-k}。 \tag{3-2-8}$$

因为 $P_1 < V$，所以 $\theta_1^* < \theta_2^*$。

$$\pi_{T2}^* - \pi_{T1}^* = \frac{(V - P_1)^2 \alpha^2 P_1^{-2k}}{2\rho} (C_{t1} + C_{t2}) > 0。 \tag{3-2-9}$$

因此，$\pi_{T2}^* > \pi_{T1}^*$。

从这一层面来看，供应链契约不仅能够为利润最大化目标的实现带来积极影响，而且有利于利益共享及风险共担。

具体来说，在供应链中，各利益主体均能够贡献自身的力量来对自身的发展和运营加以调整，并对供应链加大技术投入，在此背景下，与分享利润相比，签订契约后的利润将能够得到有效提升。对于任何企业来说，其根本目的都是获取更大利润，因此，所有企业都希望能够从整体供应链中获取更高份额的利润。在此背景下，在与其他供应链进行竞争的过程中，行业内部企业通常表现为高度合作模式，反之，就利润分配而言，行业内部企业通常表现为高度竞争模式。因此，对于供应链来说，只有确保所有企业均能够获得合理的利益，才能够有效确保企业之间的长期稳定合作，而利益纠纷则会导致沟通障碍或信息不对称等问题，从而给供应链带来不利影响。

因此，在企业进行合作时，有必要通过签订契约来对各方利益加以协调，并以文件或书面形式来明确利润分配方式。各企业之间所存在的契约能够为利益分配活动的顺利实施奠定良好的基础。除此之外，利润分配机制还与各利益主体的讨价还价能力和谈判能力有着密不可分的联系。

企业本身实力的强弱能够对其利润分配产生直接影响。行业内部龙头企业对利润分配的态度和观点不仅能够对其他企业的合作热情产生影响，同时也能直接影响其他企业在利润增量方面的作用和价值。从根本上来看，供应链合作利润分配与普通的利润分配模式存在着本质区别，该分配模式并非针对总附加值利润，而是针对销售过程中的层层利润来进行分配，即利润的再分配是不同的。因此，企业本身的讨价还价能力及各企业之间的议价关系能够对利润分配产生直接影响，利润分配通常以价格或折扣等为主要表现形式。通常情况下，供应链成员能够通过协调和沟通来建立契约模式，并以此为基础对各方之间的利益加以协调。对于企业来说，其所签订的契约能够直接反映利益的分配原则及利润分配的具体实现举措。

如何在供应链中实现风险共担是亟须解决的问题。在当前经济环境下，风险分担能够帮助许多企业有效解决与风险相关的关键性问题。对于企业而言，合作活动的开展必然伴随着各种不确定因素，此类因素的存在则会给企业发展带来风险。企业在进行委托代理的过程中所形成的契约是否具有有效性和可行性尚未可知；双方讨价还价和谈判的结果也不确定。除此之外，交货状态、市场供需等也存在着明显的不确定性，此类因素的存在将会导致各利益主体面临巨大的风险。对于企业而言，只有承担风险，才能够获取对应的利润。然而，就实际情况来看，大多数企业均不愿意在不存在回报的情况下承担风险，这造成了许多有助于提升整体附加值和竞争力的新技术、新方法的失败，而这一现象也直接诱发了所有企业遭受损失的问题。

由于市场本身存在着不确定因素，因此无法通过采取措施来达到规避风险的目的。签订最低购买量能够确保生产商与经销商共同承担风险。

（3）契约协调的有效性

当前有大量学者以不同行业为研究对象对契约协调问题进行分析，并在研究中提出了种类不同、形式各异的供应链契约。比如，针对生鲜电商行业所提出的数量折扣契约、利润共享契约、成本共担契约等，采用这些契约建立了供应链的数学模型。从具体的情况来看，虽然模型与实际操作行为之间存在着无法避免的差距，但此类研究的结论仍然为企业的管理行为及决策的制定提供了必要的参考依据。例如，2024 年，南方电网积极探索构建"收益共享"机制，通过车网互动促进新能源消纳 800 万度，既缓解了电网调峰压力，又为参与主体创造超 500 万元收益。通过对供应链契约进行研究，能够为供应链协调水平的提升带来显著的积极作用。

1）确定最优供给水平

在供应链中，最优供给水平的确定通常以特定周期内的供给率为基础来进行衡量。它是一种衡量手头上能满足顾客需求的商品比例的方法。供给水平能够对供应链的响应速度和能力产生直接影响，供给水平与响应能力呈现出正相关关系，即供给水平越高，响应能力越强，因此对消费者的吸引力更大。通过这种方式，供应链可以通过增加销售量来增加利润，并确保当客户来购买某样东西时，他们将得到正确的产品。然而，高水平的产品供给需要大量的库存，这往往会增加供应链的库存成本。因此，只有采取措施来确保库存水平与供应水平之间达到平衡，才能够有效提升供应链的协调水平，其中，能够实现供应链最大利益的水平即最优供给水平。

2）提高供应链利润率

契约是一种法律文件，用于规定和约束分销商的订购行为和供应商履行分销商的订购要求。契约可以包括产品的质量、价格、订货和交货时间及产品的数量等细节。在一种极端情况下，契约可能要求经销商在货物交付前较早地明确并提交确切的需求量。在此背景下，分销商有较大可能面临库存不足或库存过剩的问题。然而，对于供应商而言，其能够在进行交易前明确了解具体的订单信息。在另一种极端情况下，契约不要求经销商提前较早地提交所需货物的确切数量。相反，在契约的规定和限制下，经销商首先必须确定自身的需求，并完成订单的提交。在此背景下，供应商几乎无法提前获取任何信息，而经销商则可在明确市场需求的基础上提交订单。供应商必须提前进行备货，因此也有较大可能面临库存不足或库存过剩的问题。在契约要求不断发生变化的背景下，风险因素在各利益主体之间不断转移，从而对各利益主体的决定和策略产生影响，而合作伙伴在调整自身决策的过程中，供应链的整体利润必然能够得到提升。

　　3）使供应链合作更加流畅

　　协调供应链的建立以各合作方之间的信任和协商为基础，然而，就我国当前的具体情况来看，信任机制尚未发展到完备阶段。作为一个联合系统，供应链的本质是动态的合作关系。然而，为了最大限度地确保各合作伙伴的利益不受侵害，有必要采取书面形式来赋予该合作关系法律效力，以确保各成员的行为和活动能够得到约束。即使在信任机制尚未发展到完备阶段的情况下，各合作伙伴也能通过契约和协议来开展合作。

　　通过供应链合作，各利益主体能够获取更多新利润，而确保利润分配的公平性和合理性是确保长期稳定合作的必要前提。供应链契约模型可以使利润以逐层剥离的形式存在于供应链的各个节点，而不是以企业间货币再分配的形式存在于最终的总利润中。供应链节点企业通过供应链契约明确自己在供应链中的位置和责任，确保合作活动的顺利和高效开展，这不仅有利于企业自身利润的提升，同时也能为供应链整体目标的达成带来积极影响，更能有效避免个别企业为了维护自身利益而损害整体利益的行为，使供应链合作更加顺利。

　　生鲜电商供应链契约协调的目标是实现协调、利润共享、风险分担和保证协调的有效性。如果一个契约消除了单方盈利缺陷的可能性，那么该契约模型可以有效地协调供应链的运作。在排除所有干扰因素的情况下，纳什均衡被视为最佳且唯一的举措，供应链长期稳定运作的关键在于协调实现后利润的公平合理分配。虽然一个契约有很好的协调条款和利润分配条款，但是如果执行成本很高，那么该契约在成员企业中就不会得到执行。因此，供应商更愿意选择一个简单的契约，即使契约并不能使供应链最优，只要在供应链中的优先级是相对较高的，这个简单的契约仍然值得采用。

　　供应链中企业之间的契约具有信息共享、风险共担和利润共享的特征。通常情况下，科学合理的供应链契约能够有效降低所有环节的成本，同时也能促进各利益主体之间的沟通和交流，从而为利益共享水平的提升带来积极影响，最终确保供应链达到最优绩效目标，实现利润共享和风险分担。

3.3 生鲜电商供应链管理存在的问题

作为当代农业发展的重要支柱，生鲜农产品产业的发展不仅与国民生活息息相关，同时也与国家民生政策的推行密不可分。然而，此类产品在运输过程中具有较高的损耗率，因此产品质量及产品安全面临着巨大的挑战。

（1）生产经营集中度较低

在生鲜农产品供应链中，上游是极其分散的，农村的收购商层级是十分重要的。自古以来，我国的农业生产都是以个体"小农生产"为基础的，生产及经营活动呈现出明显的分散性。由于生产源头农户的分散性，以及不同地区生鲜农产品种类、质量、价格不统一，批发商需要对当地生产状况等十分了解，备受农户信任的批发商去各家各户收购，批发商在一定程度上起着整合生鲜农产品供应链的作用。然而，因获取各地生产信息成本高及受信任机制的影响，零售商很难跨越批发商直接向农户采购，使得当前供应链无法避免地出现了层级过多的现象。近年来，随着互联网的普及程度越来越高，生鲜电商发展迅猛，各类基于开放式平台的供应链体系也得以不断优化和完善。此类电商平台能够对供应商企业的订单进行整合，并不断推动采购和物流活动的规模化。

然而，由于资源整合成本居高不下，生鲜电商微薄的利润无法支撑这一成本投入，从而造成了普遍亏损的问题。例如，上海善之农电子商务科技股份有限公司成立于 2011 年，经营状况比较好，2017 年首次扭亏为盈，但利润和净利润都很低，毛利率甚至不足 8%。到目前为止，没有形成一个稳定的盈利模式，生鲜电商未来的经营趋势还无法判断。

（2）多级供应链导致损耗率高

经过多级运输、装卸后，损耗率大幅增加。多级供应链涉及大量的流通环节，由于其具有"产销全国"的市场特点，长距离运输是不可避免的。国内批发零售冷链物流不完善，运输环节损耗率高。产品到达消费者手中的时间较长，我国生鲜农产品的损耗率为 20%～30%，与美国 1%～2% 和日本 5% 的损耗率相比是非常高的。信息流不通畅导致农产品遭抢购或滞销，批发商亏损事例频出。生鲜农产品从生产端到消费者手中要经过多层供应链，这是非常漫长的。多年来，为了满足消费者对不同地区和不同季节生鲜农产品的需求，我国形成了一个由多级批发商构成的稳定的供应链系统，也就是说，分散的农民生产生鲜农产品，由生鲜农产品收购商运送到电商平台，最终到达终端消费者手中。

由于供应链较长，生鲜农产品在储存、运输和装卸过程中的损耗率很大，叠加运输成本和劳动力成本使产品的生产和销售价格差异大，且毛利率普遍处于较低水平。多层次分销市场也使整个流通过程从生产源头到最终消费者呈现出多重交叉的特征。生鲜电商可以从二、三级批发商及原产地批发市场和销售地批发市场购买。永辉超市等资源整合水平较高的零售商能够直接与生产商进行合作。多层次的批发市场也从农民手中、产区和批发市场采购商品。生鲜农产品在不同"角色"下的流通是多样化的、交叉的，没有统一的规划，这使得流通效率降低，货物难以追溯。

就国内当前的生鲜供应链而言，多级配送占较大比例，且此类配送大多处于亏损状态，能够进行资源整合的超市比重较小。除此之外，电商盈利水平较低，对行业的长期发展具有不利影响。在此背景下，只有最大限度地减少中间环节，并提高采购效率，才能够为供应链效率的提升提供根本保障。

（3）中间商风险承担能力较弱

生鲜市场价格波动大，个体批发商风险承受能力弱。生鲜农产品供应很大程度上受气候、市场状况和易腐特性的影响，价格敏感度高，并且波动频繁。通常同一类别的生鲜农产品在产品货架期内甚至同一天内存在不同程度价格的波动，使生鲜农产品市场的风险很高。因此，需要具有较强流通抗风险能力的供应链来抵御市场风险。我国的批发商多为个体经营者，单体资金数额小，规模小，风险承受能力弱，这就需要更多的层次和更多的中间商来分担风险。

零售业账期长，个体批发商垫资能力弱。通常国内零售企业占用供应商资金，供应商为了稳定销售渠道，大多实行垫付，仓储、场地租赁、运输、包装等费用由供应商承担。由于中间商资金数额小，缓冲能力弱，一旦某一环节出现缓冲困难，其流通过程就可能崩溃。上下游高度分散使得中间商无法实现大规模采购和大规模销售。如果有中间商的流通是沙漏式的，则其整体效率很低，风险承受能力较弱。

（4）生鲜农产品供需不平衡

由于生鲜农产品供应链的特殊性，需要根据前一年的市场或从批发商处、农民专业合作社获取市场信息，制订下一年的生产计划。在信息滞后的情况下，如果再依据销量好的生鲜农产品进行大规模生产，就会导致供应过剩，而不是其他类别的供应短缺，从而出现生鲜农产品滞销或遭抢购的现象。农民继续根据当年的市场选择热门产品进行生产，这将导致第二年这些产品的价格暴跌。结果，生鲜农产品的价格陷入了恶性循环。

市场价格传导机制受阻，流通中的生鲜价格波动无法及时传递给各级批发商，可能导致其进货价格高于销售价格，从而造成严重损失。因此，批发商承担了更高的价格风险，如果他们囤积货物，风险会加剧。然而，高昂的价格风险需要由多个层次的批发商共同承担，难以打破供应链信息流差、相互制约时间长的局面，导致生鲜农产品供需失衡。

（5）产品流通网络布局不合理

生鲜电商企业的物流配送中心的设置不合理，这会影响生鲜农产品的流通效率及产品质量。我国东西部地区的生鲜农产品流通发展水平存在显著差距，由于流通组织布局不合理，缺乏有效的电商物流体系节点，生鲜农产品不能及时运送到消费者手中。生鲜农产品在流通中要注意保鲜措施，但作业不规范和包装不当容易导致产品在初始阶段就出现损耗。此外，公路运输中冷藏式集装箱技术的推广普及工作存在不足，再加上中西部地区的专用车辆使用比例低，导致生鲜供应链的运作效率大大降低。

生鲜农产品的服务体系包括生产服务层、流通服务层和消费服务层。但流通主体以农户和小型服务组织为主，生鲜农产品的组织化程度较低，产品质量参差不齐。随着社区生鲜电商企业规模的快速扩张，经营管理的跨度逐渐增大，导致企业经营管理难度加大。例如，高层决策缺乏科学的战略性论证、企业内部管理层级设置不合理、组织管理分工不清晰，形成内耗甚至商业腐败问题，使得运营成本高于利润。

第4章　考虑渠道模式的生鲜电商供应链契约协调的优化方法

为了更好地满足消费者的便捷性需求，生鲜电商供应链企业迫切需要整合供应链线上线下渠道，形成渠道之间的优势互补。不同渠道类型的生鲜农产品具有不同的市场特征，其供应链也不同，生鲜农产品物流过程中相应的物流节点也不同，种类不同、形式各异的生鲜农产品供应链由此形成。如何通过生鲜电商供应链成员之间的线上线下合作发展生鲜电商，获得更多的效益，是一个亟待解决的问题。本章对单渠道和双渠道模式下生鲜电商供应链如何进行契约协调优化进行了深入的探讨。

4.1　单渠道生鲜电商供应链契约协调优化研究

4.1.1　问题的提出

大数据互联网时代的到来推动了电商的兴起，生鲜电商供应链运营渠道变得日益多元化，电商渠道的加入不仅提高了生鲜农产品的销量，也增加了供应链的利润。比如，每日优鲜的电商渠道销售模式，成为生鲜农产品新零售模式中值得借鉴的模式，进一步提高了供应链的利润。但由于渠道的竞争力和生鲜农产品的易腐特性，不同渠道之间的竞争更加激烈，产品数量和新鲜度的损失降低了供应链各节点企业的利润。如何减少产品的损耗，增加供应链的利润，成为生鲜农产品供应链运作中需要解决的重要问题。在现实生活中，一些生鲜农产品供应商和生鲜电商已经开始使用可追溯技术来提高产品的库存可用性，减少浪费。该技术通过标签跟踪产品，读取产品位置信息、库存信息、货架时间等信息，避免因信息不准确、迟发而造成产品损失。因此，探讨生鲜信息披露下的生鲜电商供应链可追溯技术投资决策，对于提高生鲜农产品经营效率、提高产品库存可用性、实现利润最大化具有重要意义。

因此，本部分重点研究由供应商和生鲜电商组成的两级生鲜农产品供应链，考虑在可追溯技术投入的条件下，产品新鲜度和新鲜度信息披露程度对生鲜电商供应链契约协调的影响。讨论了集中决策和分散决策下的生鲜电商供应链利润决策模型，并对模型进行了深入分析。最后，通过实例分析进一步研究了投资可追溯技术前后产品新鲜度及其披露程度对生鲜电商供应链契约协调的影响。

4.1.2　问题描述与假设

本部分考虑由供应商和生鲜电商组成的两级生鲜农产品供应链。生鲜电商根据市场需求向供应商订购生鲜农产品，供应商根据订单数量和产品生产成本确定批发价格，生鲜电商根据产品新鲜度和市场需求确定零售价格。产品新鲜度信息披露的程度由供应商决定，这将对整个供应链产生一定的影响。由于生鲜农产品具有易腐性，利用可追溯技术可以快速掌握其位置信息、库存信息、货架时间等，从而减少生鲜农产品在运输、配送、销售等环节的损失。在生鲜农产品供应链中，可追溯技术的不同投资主体会对供应链的运行产生不同的影响。

基于上述生鲜电商供应链决策顺序，讨论了信息披露条件下产品库存损耗率和新鲜度对供应链成员均衡决策的影响。从博弈论的角度，分析了在集中决策与分散决策、新鲜度信息披露与不披露、投资可追溯技术和不投资可追溯技术情况下的供应链决策。

本部分的主要参数如表 4.1.1 所示。

表 4.1.1　参数与含义

参数	含义
c	供应商的生产成本
c_{id}	可追溯技术的标签成本
w	供应商的批发价格
p	前置仓 i 所在区域的生鲜电商销售价格（零售价格）
θ	产品新鲜度
z	库存因子

参数	含义
y_0	市场规模的度量
ε	需求随机扰动因子
k	市场价格弹性系数
π_s	供应商的利润
π_r	生鲜电商的利润

与本部分相关的假设如下：

①生鲜农产品在销售季节末的残值为 0，不存在缺货风险。

②生鲜农产品供应商和生鲜电商风险中性。

考虑到产品新鲜度和零售价格对需求的影响，可以将生鲜农产品的需求函数设定为与零售价格和新鲜度相关的函数。产品需求量随零售价格的增加而减少，随新鲜度的增加而增加。

4.1.3　生鲜电商供应链的决策模型建立

本部分考虑集中决策和分散决策下的生鲜电商供应链决策，结合生鲜信息披露和投资可追溯技术进一步探讨供应链的最优决策，并分析不同情况下的最优利润。

（1）集中决策下的生鲜电商供应链

考虑到供应链成员对可追溯技术的投入，可追溯技术带来的产品质量和安全性的提高将增加产品的新鲜度，防止隐藏产品新鲜度信息的行为。这里只考虑可追溯技术的标签成本 c_{id}。用下标 C 和上标 id 代表集中模式下考虑可追溯技术投入的生鲜电商供应链系统。在集中决策的情况下，供应链中的供应商和生鲜电商作为一个整体，通过合理的决策，得出最优的订购量和最优的市场零售价格，从而使供应链的总体利润最大化。

由此能够得出，在集中决策的背景下，供应链的利润为

$$\pi_C^{id}(p, q) = p\left(q - \theta(t_{id})\int_0^{q/\theta(t_{id})} F(x)\,\mathrm{d}x\right) - (c + c_{id})q_\circ \quad (4\text{-}1\text{-}1)$$

其中，$\theta(t)$ 表示产品新鲜度，即生鲜农产品的新鲜度随着时间的增加而逐渐衰减，q 表示产品的销售量。

由于最优库存因子 z_0 只由市场价格弹性系数 k 和需求随机扰动因子 ε 的

分布确定，与产品的批发价格、零售价格、生产成本、新鲜度等因素无关，因此最优库存因子 z_0 与分散决策时的情况相同。

对于供应链的利润，可以得到订购量和零售价格的导数。

在集中模式背景下，最优订购量为

$$q_C^{id*} = z_0 y_0 \theta(t_{id})(1 - F(z_0))^k (c + c_{id})^{-k}。 \tag{4-1-2}$$

在集中模式背景下，生鲜电商的最优定价为

$$p_C^{id*} = \frac{c + c_{id}}{1 - F(z_0)}。 \tag{4-1-3}$$

因此，在集中模式背景下，供应商利润 $\pi_C^{id*} = \dfrac{c + c_{id}}{k - 1} q_C^{id*}$。

（2）分散决策下的生鲜电商供应链

在分散模式下，新鲜度信息的披露和不披露对供应链决策的影响不同。这一部分将分析几种不同的情况。

1）新鲜度信息披露下的供应链决策分析

在新鲜度信息披露背景下，生鲜农产品供应商和生鲜电商的期望利润分别为

$$\pi_s(w) = (w - c)q; \tag{4-1-4}$$

$$\pi_r(p,q) = p\left(q - \theta(t)\int_0^{q/\theta(t)} F(x)\,\mathrm{d}x\right) - wq。 \tag{4-1-5}$$

由于库存因子 $z = \dfrac{q}{y_0 p^{-k} \theta(t)}$，并且根据经验可知，最优库存因子 z_0 是唯一确定的，且由市场价格弹性系数 k 和要求随机扰动因子 ε 的分布确定，与产品的批发价格、零售价格、生产成本、新鲜度等参数无关。下面将采用倒序逆推法进行求解。

从第一阶段开始，先求生鲜电商最优决策。将决策变量 (p,q) 转变为 (z,q)，则可得出如下利润函数：$\pi_r(z_0,q) = \left(\dfrac{z_0 y_0 \theta(t)}{q}\right)^{\frac{1}{k}} q E_\varepsilon\left\{\min\left(\dfrac{\varepsilon}{z_0}\right),\right.$ $\left. 1\right\} - wq$。其中，E 为期望值。通过一阶最优性条件可以求得生鲜电商最优订购量 $q^* = z_0 y_0 \theta(t)\left[\dfrac{1 - F(z_0)}{w}\right]^k$，最优零售价格 $p^* = \dfrac{w}{1 - F(z_0)}$。第二阶段为供应商决策。将最优订购量公式代入式（4-1-4）可得，供应商利润函数为 $\pi_s(w) = (w - c)q^* = (w - c)z_0 y_0 \theta(t)\left[\dfrac{1 - F(z_0)}{w}\right]^k$。根据一阶最

优性条件可得最优批发价格 $w^* = \dfrac{kc}{k-1}$。

在分散模式背景下，生鲜电商的最优订购量为

$$q_D^* = z_0 y_0 \theta(t) \left[1 - F(z_0)\right]^k \left(\frac{kc}{k-1}\right)^{-k}。 \tag{4-1-6}$$

在分散模式背景下，生鲜电商的最优定价为

$$p_D^* = \frac{kc}{(k-1)(1 - F(z_0))}。 \tag{4-1-7}$$

因此，在分散模式背景下，供应商所能够获得的最优利润 $\pi_s^* = \dfrac{c}{k-1} q_D^*$，生鲜电商的最优利润 $\pi_r^* = \dfrac{kc}{(k-1)^2} q_D^*$。

2）新鲜度信息不披露下的供应链决策分析

考虑到新鲜度信息不公开，生鲜农产品供应商在与新鲜度信息披露情况下批发价格相同时，误报了新鲜度信息和生产时间，谎报生产时间为 λt。然而，生鲜电商无法观察到生鲜农产品新鲜度的真实信息，因此假设生鲜电商相信供应商所提供的产品新鲜度信息。下面分别讨论集中和分散模式下的情况，其中上标 f 表示供应商不披露产品新鲜度信息的情形。

生鲜农产品供应商不披露新鲜度时，供应商的期望利润函数为

$$\pi_s^f(w) = (w - c)q。 \tag{4-1-8}$$

供应商不披露新鲜度时，生鲜电商的实际利润函数为

$$\pi_r^f(p,q) = p \left(q - \theta(\lambda t) \int_0^{q/\theta(\lambda t)} F(x)\,\mathrm{d}x \right) - wq。 \tag{4-1-9}$$

由于最优库存因子 z_0 只由市场价格弹性系数 k 和需求随机扰动因子 ε 的分布确定，与产品的批发价格、零售价格、生产成本、新鲜度等参数无关，因此最优库存因子 z_0 与新鲜度信息披露模式中的相等。通过分散模式下的求解和推导过程，可得最优批发价格 $w^{f*} = \dfrac{kc}{k-1}$。

由于新鲜度信息不公开和供应商误报行为导致订购量非最优，因此生鲜电商的决策订购量为

$$q_D^{f*} = z_0 y_0 \theta(\lambda t) \left[1 - F(z_0)\right]^k \left(\frac{kc}{k-1}\right)^{-k}。 \tag{4-1-10}$$

在分散模式背景下，生鲜电商的决策定价为

$$p_D^{f*} = \frac{kc}{(k-1)(1 - F(z_0))}。 \tag{4-1-11}$$

因此，如果供应商不披露新鲜度，则其实际所能够获得的利润 $\pi_s^{f*} = \dfrac{c}{k-1}q_D^{f*}$，生鲜电商的实际利润 $\pi_r^{f*} = \left[\left(\dfrac{\theta(t)}{\theta(\lambda t)}\right)^{\frac{1}{k}}\dfrac{k}{k-1}-1\right]\dfrac{kc}{k-1}q_D^{f*}$。

在集中模式背景下，不会出现供应链误报，也不会出现新鲜度信息披露，所以结果与新鲜度信息披露下的结果相同，不再重复讨论。

3）考虑可追溯技术的供应链决策分析

采用可追溯技术后，供应商和零售商共同承担可追溯技术成本，供应商的成本分摊比例为 α，零售商的成本分摊比例为 $1-\alpha$。分散决策情况下生鲜农产品供应商与生鲜电商的期望利润分别为

$$\pi_s^{id}(w) = (w - c - \alpha c_{id})q; \tag{4-1-12}$$

$$\pi_r^{id}(p,q) = p\left(q - \theta(t_{id})\int_0^{q/\theta(t_{id})}F(x)\,\mathrm{d}x\right) - (w + (1-\alpha)c_{id})q。 \tag{4-1-13}$$

由于最优库存因子 z_0 只由市场价格弹性系数 k 和需求随机扰动因子 ε 的分布确定，与产品的批发价格、零售价格、生产成本、新鲜度等参数无关，因此最优库存因子 z_0 与新鲜度信息披露模式中的相等。

通过求解可得最优批发价格为

$$w^{id*} = \frac{kc + (1 - \alpha + k\alpha)c_{id}}{k-1}。 \tag{4-1-14}$$

在分散模式背景下，生鲜电商的最优订购量为

$$q_D^{id*} = z_0 y_0 \theta(t_{id})(1 - F(z_0))^k\left(\frac{k(c + c_{id})}{k-1}\right)^{-k}。 \tag{4-1-15}$$

在分散模式背景下，生鲜电商的最优定价为

$$p_D^{id*} = \frac{k(c + c_{id})}{(k-1)(1 - F(z_0))}。 \tag{4-1-16}$$

因此，在分散模式背景下，供应商利润 $\pi_s^{id*} = \dfrac{c + c_{id}}{k-1}q_D^{id*}$，生鲜电商的最优利润 $\pi_r^{id*} = \dfrac{k(c + c_{id})}{(k-1)^2}q_D^{id*}$。

（3）模型对比与分析

命题 4.1　投资可追溯技术后，与投资可追溯技术前的新鲜度信息披露相比：①生鲜农产品供应商与生鲜电商的利润率保持不变；②分散和集中模式下，生鲜农产品零售价格比和最优订购量比不变；③分散和集中模式下，

供应链的总利润率保持不变。

证明： 通过对投资可追溯技术前后供应商和生鲜电商的利润进行对比和分析可得，$\dfrac{\pi_s^{id*}}{\pi_r^{id*}} = \dfrac{k-1}{k}$；将分散与集中决策中的零售价格与订购量分别进行对比和分析可得，$\dfrac{p_D^{id*}}{p_C^{id*}} = \dfrac{k}{k-1}$，$\dfrac{q_D^{id*}}{q_C^{id*}} = \left(\dfrac{k-1}{k}\right)^k$；将分散与集中决策中分别获得的利润进行对比和分析可得，$\dfrac{\pi_D^{id*}}{\pi_C^{id*}} = \dfrac{2k-1}{k-1}\left(\dfrac{k-1}{k}\right)^k$，命题 4.1 得证。

命题 4.1 表明对可追溯技术的投资不会改变供应链原有的平衡，这将有利于可追溯技术的推广。

命题 4.2　投入可追溯技术后，与投入前相比，由于可追溯技术成本的存在，供应商的最优批发价格会增加，而增加的幅度大于供应商分摊的可追溯技术成本。

证明： 由于 $w^* = w^{f*} = \dfrac{kc}{k-1}$，$w^{id*} = \dfrac{kc + (1-\alpha+k\alpha)c_{id}}{k-1}$，因此，由 $w^{id*} - w^* = \dfrac{(1-\alpha+k\alpha)c_{id}}{k-1} > 0$ 可知，供应商的最优批发价格将提高。由 $w^{id*} - w^* - \alpha c_{id} = \dfrac{c_{id}}{k-1} > 0$ 可知，批发价格提高幅度大于供应商分摊的可追溯技术成本。

命题 4.3　集中模式下，当 $\dfrac{\theta(t_{id})}{\theta(t)} > \left(\dfrac{c+c_{id}}{c}\right)^{k-1}$ 时，供应链将考虑投资可追溯技术。

证明： 集中模式下，投资可追溯技术后供应链最大利润 $\pi_C^{id*} = \dfrac{(c+c_{id})}{k-1}q_C^{id*}$；投资可追溯技术前供应链最大利润 $\pi_C^* = \dfrac{c}{k-1}q_C^*$。因此，$\dfrac{\pi_C^{id*}}{\pi_C^*} = \dfrac{c+c_{id}}{c} \cdot \dfrac{q_C^{id*}}{q_D^{id*}} = \left(\dfrac{c+c_{id}}{c}\right)^{1-k}\dfrac{\theta(t_{id})}{\theta(t)}$。当 $\dfrac{\theta(t_{id})}{\theta(t)} > \left(\dfrac{c+c_{id}}{c}\right)^{k-1}$ 时，投资可追溯技术供应链总利润增大；当 $\dfrac{\theta(t_{id})}{\theta(t)} < \left(\dfrac{c+c_{id}}{c}\right)^{k-1}$ 时，投资可追溯技术供应链总利润减少；当 $\dfrac{\theta(t_{id})}{\theta(t)} = \left(\dfrac{c+c_{id}}{c}\right)^{k-1}$ 时，投资可追溯技术供应链总利润不变。

命题 4.3 表明是否集中投资可追溯技术，不仅受到可追溯技术成本的影响，也受到可追溯技术带来的效益的影响。因此，可追溯技术投资者应该开发成本更低的可追溯技术，并不断改进其性能，从而使可追溯技术有更多的供应链投资。

命题 4.4 分散模式下，当且仅当 $\dfrac{\theta(t_{id})}{\theta(t)} > \left(\dfrac{c + c_{id}}{c}\right)^{k-1}$ 时，供应链各成员都将考虑投资引入可追溯技术。

证明： 由于 $\pi_s^{id*} = \dfrac{c + c_{id}}{k - 1} q_D^{id*}$，$\pi_r^{id*} = \dfrac{k(c + c_{id})}{(k - 1)^2} q_D^{id*}$，因此，$\pi_s^{f*} = \dfrac{c}{k - 1} q_D^{f*}$，$\pi_r^{f*} = \left[\left(\dfrac{\theta(t)}{\theta(\lambda t)}\right)^{\frac{1}{k}} \dfrac{k}{k - 1} - 1\right] \dfrac{kc}{k - 1} q_D^{f*}$，$\dfrac{\pi_s^{tr*}}{\pi_s^{f*}} = \left(\dfrac{c + c_{tr}}{c}\right)^{1-k} \dfrac{\theta(t_{tr})}{\theta(\lambda t)}$。当且仅当 $c_{tr} < c_{tr}^{1*}$ 时，分散模式下供应商才会考虑采用可追溯技术。其中，$c_{tr}^{1*} = c\left[\left(\dfrac{\theta(t_{tr})}{\theta(\lambda t)}\right)^{\frac{1}{k-1}} - 1\right]$。$\dfrac{\pi_r^{tr*}}{\pi_r^{f*}} = \left(\dfrac{c + c_{tr}}{c}\right)^{1-k} \dfrac{\theta(t_{tr})}{\theta(\lambda t)}$，当且仅当 $c_{tr} < c_{tr}^{2*}$ 时，分散模式下，生鲜电商才会考虑采用可追溯技术。其中，$c_{tr}^{2*} = c\left[\left(\dfrac{\theta(t_{tr})}{\theta(\lambda t)}\right)^{\frac{1}{k-1}} \middle/ \left(\left(\dfrac{\theta(t)}{\theta(\lambda t)}\right)^{\frac{1}{k}} k - k + 1\right)^{\frac{1}{k-1}} - 1\right]$。由于 $\left(\left(\dfrac{\theta(t)}{\theta(\lambda t)}\right)^{\frac{1}{k}} k - k + 1\right)^{\frac{1}{k-1}} < 1$，因此，$c_{tr}^{1*} < c_{tr}^{2*}$。当且仅当 $c_{tr} < c_{tr}^{1*}$ 时，供应链各成员采用可追溯技术均可获益，都将考虑投资采用可追溯技术。

命题 4.4 表明，在分散模式下，供应链是否应该投资可追溯技术的主要瓶颈在于供应商。对于生鲜电商来说，如果可追溯技术能够实现更大的利润，则可以通过补贴供应商进一步推动可追溯技术的应用，以提高生鲜供应链绩效。对于可追溯技术开发商来说，成本的降低和质量的提高将推动可追溯技术市场的发展，从而获得更多的订单。此外，在不同的价格弹性系数下，可追溯技术的投资策略也有所不同。在实际应用中，可根据具体情况决定是否投资追溯技术。

4.1.4 生鲜电商供应链的利润共享契约协调优化分析

为了最大限度地提高生鲜电商供应链各相关主体的利润，应以当前的利润分享机制为基础，并针对未售出的产品给予补偿，假设补偿标准为 b 元/单位；另外增加一个销售目标量 H，销售周期结束后，高于 H 的部分，供应商可对生鲜电商给予奖励，奖励标准为 u 元/单位，若未完成任务，则每

单位惩罚 u 元。契约形式为 (w, φ, b, u)，假设产品的销售量为 $S(p, q) = q - \theta(t) \int_0^{q/\theta(t)} F(x)\,\mathrm{d}x$。

使用利润共享契约进行改进后，生鲜电商可获得的利润为

$$\pi_{r3} = \varphi p S(p, q) + (u - b)S(p, q) - (w - b)q - uH。 \quad (4\text{-}1\text{-}17)$$

此时，供应商的利润函数为

$$\pi_{s3} = (1 - \varphi)pS(p, q) + (w - c - b)q + (b - u)S(p, q) + uH。$$

$$(4\text{-}1\text{-}18)$$

代入契约参数，得到 $\pi_1^f(w, b, u, H) = uH$。

改进的利润共享契约将使供应商和生鲜电商通过设定合适的利润共享系数 φ 和供应商的批发价格 w 来分担销售风险，并能有效协调优化供应链，实现利润最大化。因此，可以得出以下结论。

命题 4.5　若利润共享契约 (w, φ, b, u) 中的各参数满足 $w = b + c - (1 - \varphi)pS_q'$，$u = b + p - \varphi p + \dfrac{(1 - \varphi)S(q, p)}{S_q'}$，其中 $1 - \dfrac{b}{pS_q'} \leqslant \varphi \leqslant 1 + \dfrac{b}{p + \dfrac{S(q, p)}{S_q'}}$，即在各契约参数均能够得到满足的情况下，销售价格及订购量能够达到最优水平，且 $\pi_3(p, q) = \pi_c(p, q)$，则能够有效确保供应链协调目标的达成。

证明：令 p^{b*} 为给定订购量 q^0 时的最优零售价格，则 p^{b*} 必须满足下式：

$$\frac{\partial \pi_{r3}(p, q)}{\partial p} = \varphi S(p, q) + \varphi p \frac{\partial S(p, q)}{\partial p} + (u - b)\frac{\partial S(p, q)}{\partial p} = 0。$$

$$(4\text{-}1\text{-}19)$$

在集中决策背景下，总利润的计算方法为

$$\pi_c(p, q) = pS(p, q) - cq。 \quad (4\text{-}1\text{-}20)$$

令 p_c^* 为给定订购量 q^0 时的最优零售价格，则 p_c^* 必须满足下式：

$$\frac{\partial \pi_c(p, q)}{\partial p} = S(p, q) + p \frac{\partial(p, q)}{\partial p} = 0。 \quad (4\text{-}1\text{-}21)$$

比较式（4-1-19）和式（4-1-21）可得，当 $p_{r3} = p_c^*$ 成立时，零售价格达到最优。

将 $u = b_v$ 代入式（4-1-17），可得 $\pi_{r3} = \varphi p S(p, q) - (w - b)q - bH$。

在供应链协调目标得以达成的情况下，产品的最优订购量 q^{b*} 必须满足下式：

$$\frac{\partial \pi_{r3}}{\partial q} = \varphi p \frac{\partial S(q,p)}{\partial q} - (w - b) = 0 。 \quad (4-1-22)$$

同时，集中决策模式下，最优订购量 q_C^* 必须满足下式：

$$\frac{\partial \pi_c}{\partial q} = p \frac{\partial S(q,p)}{\partial q} - c = 0 。 \quad (4-1-23)$$

通过比较可以发现，只有当 $q^{b*} = q_C^*$ 时，订购量 q 才达到最优。从这一层面来看，利润共享契约能够对产品的价格进行灵活协调。契约参数满足的条件为

$$\begin{cases} u = b + p - \varphi p + \dfrac{(1 - \varphi)S(q,p)}{S_q'} \\ w = b + c - (1 - \varphi)pS_q' \end{cases} 。 \quad (4-1-24)$$

通常情况下，生产成本必须低于或等于批发价格，且无论是惩罚金额还是奖励金额，均必须大于零。由此可以得出，利润分享函数 φ 的取值范围为

$$1 - \frac{b}{pS_q'} \leq \varphi \leq 1 + \frac{b}{p + \dfrac{S(q,p)}{S_q'}} 。$$

此时，φ 的取值由供应商及生鲜电商的讨价还价能力决定。

采用利润共享契约进行改进后，供应链总利润为

$$\pi_3(p,q) = \pi_{r3} + \pi_{s3} = pS(p,q) - cq = p\left(q - \theta(t)\int_0^{q/\theta(t)} F(x)\,\mathrm{d}x\right) - cq 。$$
$$\quad (4-1-25)$$

因此，$\pi_3(p,q) = \pi_C(p,q)$。

经过改进和完善利润共享契约，产品利润与理想条件下的利润总额相同。对于供应商而言，采用谎报新鲜度的举措来提高订购量无法达到供应商的预期目标，只有明确真实的新鲜度才能够帮助供应商有效提升利润水平。从这一层面来看，经过优化和改善后，利润共享契约能够有效解决信息不对称问题。在此背景下，供应商和生鲜电商的利润水平均能够达到最优。

4.1.5 算例分析

对于本部分的研究，笔者调查了每日优鲜，这种生鲜农产品供应链的运作模式符合本研究的供应链模式。为了进一步揭示信息披露下投资可追溯技

术对生鲜电商供应链的影响，根据调查数据设置相关参数。其中，供应商的单位成本 $c = 0.1$，生鲜农产品的生命周期为 $T = 30$，送达到生鲜电商的实际生产时间 $t = 5$，供应商信息披露度 $\lambda = 0.8$，零售价格 $p = 0.4$，$a = 30\ 000$，$\varepsilon \in [0,2]$。可追溯技术的标签成本 $c_{id} = 0.004$，实际中通常采用的可追溯技术成本分担系数 $\alpha = 0.4$，应用后生鲜农产品送达到生鲜电商的实际生产时间 $t_{id} = 3$。比较不同情况下信息披露在供应链可追溯技术投资、可追溯技术标签成本和生鲜电商之间的讨价还价能力对供应链利润的影响。在此基础上，进一步研究在生鲜农产品可追溯技术投资情形下信息披露的最优投资决策。

集中模式下，标签成本对订购量和总利润的影响分别如图 4.1.1 和图 4.1.2 所示。

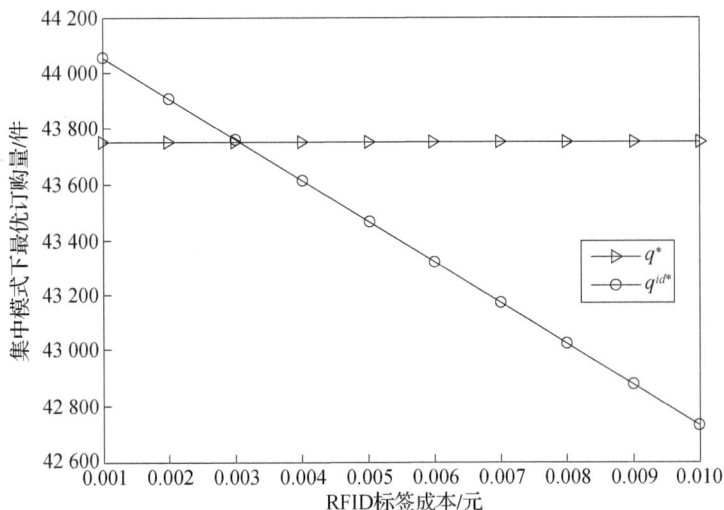

图 4.1.1　标签成本对集中模式下订购量的影响

从图 4.1.1 和图 4.1.2 可以看出，可追溯技术的标签成本越低，供应链的订购量和利润就越大。可追溯技术的标签成本有一个临界值，当小于该临界值时，集中模式下供应链的利润将高于不应用可追溯技术的情况，供应链将考虑对可追溯技术进行投资。可追溯技术可以加快流通处理速度，从而带来更大的利润。随着可追溯技术的应用，生产时间得以缩短，供应链的订购量和利润也随之提升。当应用可追溯技术后生鲜农产品的生产时间低于临界

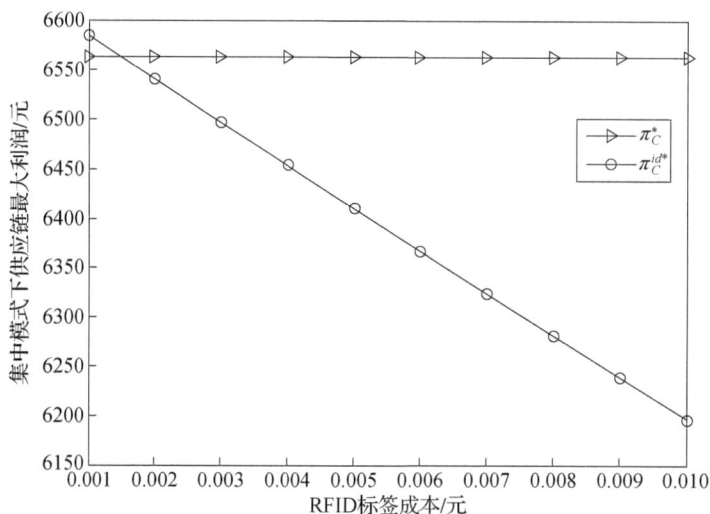

图 4.1.2　标签成本对集中模式下总利润的影响

值时，集中模式下供应链的利润将超过不应用可追溯技术的情况，从而促使供应链考虑对可追溯技术进行投资。

分散模式下，标签成本对生鲜电商利润和供应链利润的影响分别如图4.1.3 和图 4.1.4 所示。

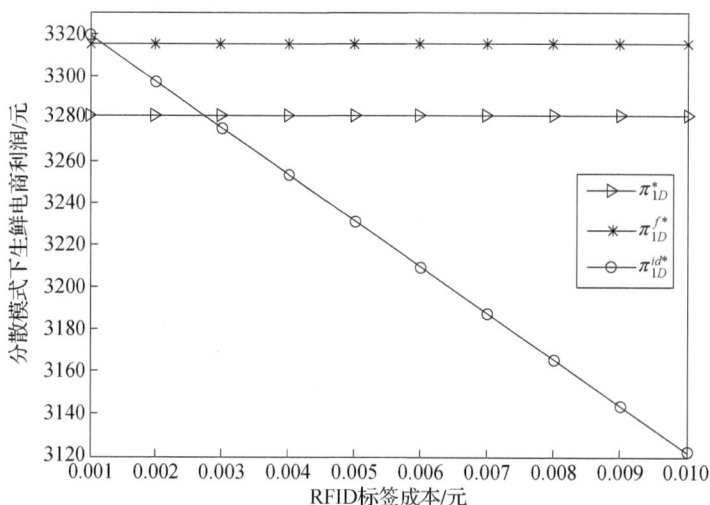

图 4.1.3　标签成本对分散模式下生鲜电商利润的影响

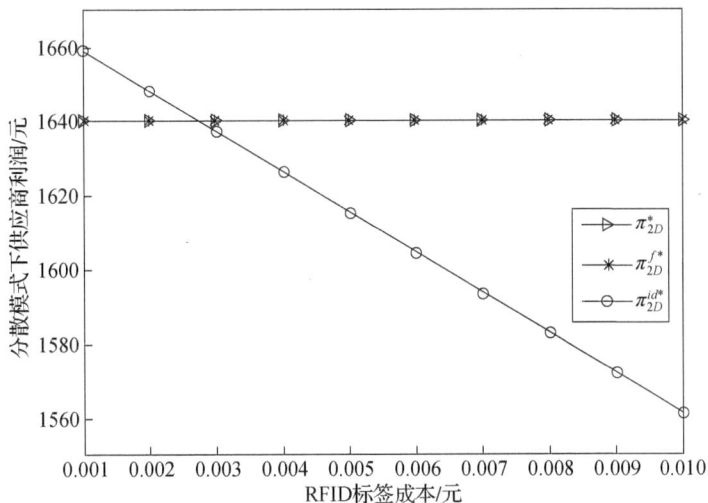

图 4.1.4　标签成本对分散模式下供应商利润的影响

从图 4.1.3 和图 4.1.4 可以看出，可追溯技术标签成本越高，分散决策下的供应链订购量越小，供应商和生鲜电商的利润越低。此外，与信息披露和不披露的情况相比，是否投资可追溯技术具有关键价值。它能有效解决基于技术新鲜度需求可追溯性的生鲜电商供应链的双重边际效应，并能通过调整利润分配系数将利润在供应链成员之间进行再分配。

利润分配系数对供应链利润和零售价格的影响如图 4.1.5 和图 4.1.6 所示。

从图 4.1.5 和图 4.1.6 可以看出，供应商的利润与生鲜电商订购量及生产品新鲜度无关，因此不披露产品新鲜度信息，即通过谎报新鲜度来诱导生鲜电商提高订购量将没有意义。可追溯技术成本分摊系数大小不同时，追溯技术成本变化对于批发价格的影响不一致，并且引入追溯技术后，批发价格可能低于引入前。供应商将选择披露真实的新鲜度信息，从而通过契约解决了不披露新鲜度信息问题，实现信息共享，供应商与生鲜电商的利润将与新鲜度信息披露情形相同。

4.1.6　本节小结

本节考虑了生鲜农产品的两级供应链，零售价格作为内生变量影响顾客需求。考虑信息对称、信息不对称和可追溯技术背景下的集中式和分散式供

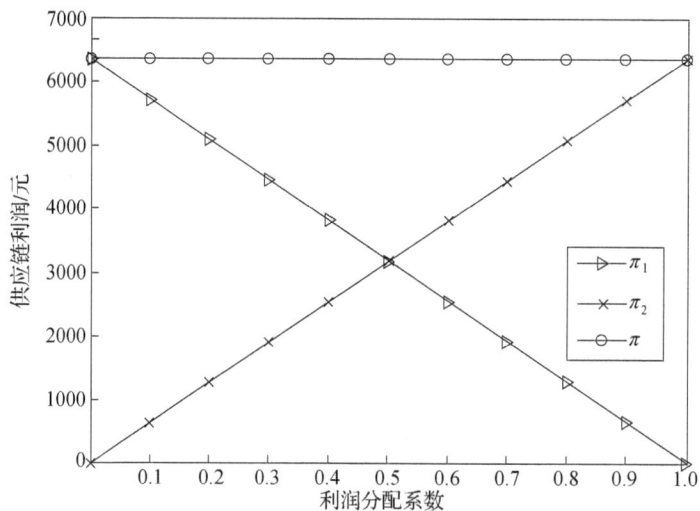

图 4.1.5　利润分配系数对供应链利润的影响

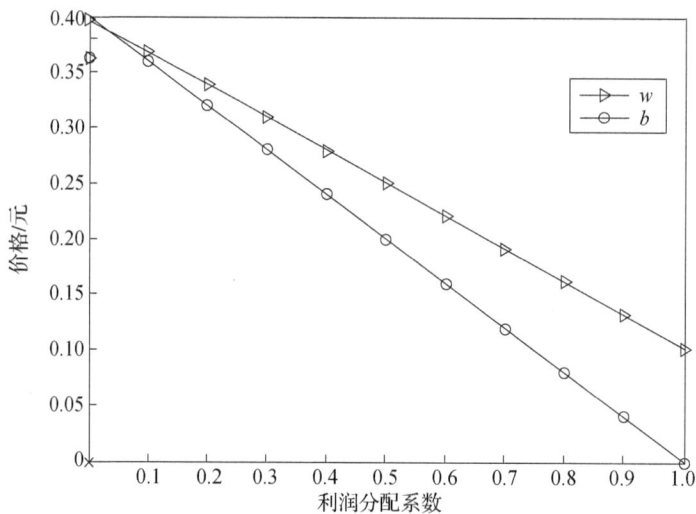

图 4.1.6　利润分配系数对价格的影响

应链模型，从横向和纵向的角度对生鲜电商供应链决策进行比较分析，研究改进后的回购契约在 3 种情况下的应用。结果表明：①在分散模式下，生鲜农产品供应商的预期利润低于生鲜电商供应商；分散模式会减少订单数量，提高市场零售价格。由供应链成员之间的竞争产生的双重边际效应导致了供应链的总利润损失。②供应商的误报行为不影响市场零售价格和批发价格，但诱导生鲜电商订购更多生鲜农产品；供应商的谎报行为将使供应商侵占生鲜电商的利润，从而改变信息披露情形下供应商利润肯定小于生鲜电商利润的格局，两者的大小与供应商隐瞒新鲜度的程度相关；在分散模式下，虚假报告和非虚假报告情况下的供应链总效率之间的关系取决于新鲜度信息披露的程度和产品的货架期的长短。由信息不对称导致的误报并不一定会损害供应链的整体效率，但分散模式在一定条件下可以提高供应链的整体效率。③可追溯技术的引入不会改变供应链原有的平衡，有利于可追溯技术的推广；是否集中引入可追溯技术取决于标签的成本和可追溯技术带来的效益。在分散决策模式下，供应链是否对可追溯技术进行投资，主要的瓶颈在于供应商。对于生鲜电商来说，如果使用可追溯技术可以获得更大的利润，则可以通过补贴供应商来进一步实施可追溯技术的推广。对于可追溯技术的供应商来说，更低的标签成本和更高的质量带来的好处将推动可追溯技术市场发展，从而获得更多的订单。④普通的利润共享契约则会导致供应链出现双重边际效应，无法从根本上确保生鲜电商供应链协调目标的达成。通过对利润共享契约进行改进，各利益主体不仅能够提高信息共享水平，而且能从根本上确保利益主体的利润水平达到最优。就供应链利润而言，其通常与产品的新鲜度成正比，但与价格需求弹性成反比。

4.2　双渠道生鲜电商供应链契约协调优化研究

4.2.1　问题的提出

随着互联网的普及和电商的深入，生鲜电商供应链的运营渠道日趋多元化，将传统电商渠道与直播电商渠道相结合，不仅提高了生鲜农产品的销量，也增加了供应链的利润。例如，盒马鲜生的传统电商渠道和直播电商渠道已经成为新的生鲜农产品零售模式学习的榜样，进一步提高了供应链的利润。然而，由于渠道的竞争性和生鲜农产品易腐烂的特点，不同渠道之间的竞争更加激烈，产品数量和新鲜度的损失降低了供应链各节点企业的利润。如何减少产品的损耗，增加供应链的利润，成为生鲜农产品供应链运行中需要解决的重要问题。在现实生活中，一些生鲜农产品供应商和生鲜电商已经开始使用可追溯技术来提高产品库存可用性，减少浪费。该技术的原理是通过标签来跟踪产品，读取产品的位置信息、库存信息、货架时间等，避免由于信息不准确、延迟交货而发生产品损失。因此，探讨双渠道模式下生鲜电商供应链可追溯技术的投资决策，对于提高生鲜农产品经营效率、提高产品库存可用性、实现利润最大化具有重要意义。

因此，本部分以生鲜供应商和生鲜电商组成的双渠道生鲜农业供应链为研究对象，考虑了传统电商渠道和直播电商渠道模式下产品新鲜度和产品库存可用性对生鲜农业供应链决策的影响。本部分讨论了传统电商渠道与直播电商渠道均不投资可追溯技术、传统电商渠道与直播电商渠道均投资可追溯技术、传统电商渠道投资可追溯技术和直播电商渠道投资可追溯技术 4 种情况下生鲜电商供应链的利润决策模型，并对模型进行了深入分析。最后，通过实例分析，进一步研究了不同投资情景下库存可用性等因素对生鲜电商供应链最优决策的影响。

4.2.2　问题描述与假设

本部分以供应商与生鲜电商组成的传统电商渠道和直播电商渠道双渠道供应链为研究对象。假设供应商 1 和生鲜电商 1 构成传统电商渠道生鲜农产品供应链，供应商 2 和生鲜电商 2 构成直播电商渠道生鲜农产品供应链。针对传统电商渠道与直播电商渠道均不投资可追溯技术（TE）、传统电商渠道投资可追溯技术（$\overline{TE}$）、直播电商渠道投资可追溯技术（$\underline{TE}$）、传统电商渠道与直播电商渠道均投资可追溯技术（$\overline{\underline{TE}}$）4 种不同的情形对生鲜电商供应链的决策进行探讨。生鲜电商根据市场需求向供应商订购生鲜农产品，供应商确定批发价格，生鲜电商确定零售价格。双渠道供应链具有竞争关系，传统电商渠道生鲜农产品价格与直播电商渠道生鲜农产品价格会相互影响。采用可追溯技术可以降低生鲜农产品的损耗率，提升生鲜农产品供应链的运作效率。在双渠道生鲜农产品供应链中，不同的可追溯技术投资者对生鲜农产品供应链的运行会产生不同的影响。

基于上述生鲜电商供应链决策顺序，本部分讨论了双渠道模式下产品库存损耗率和新鲜度对供应链成员均衡决策的影响。本部分从博弈论的角度，分析了传统电商渠道投资可追溯技术、直播电商渠道投资可追溯技术、传统电商渠道与直播电商渠道均不投资可追溯技术、传统电商渠道与直播电商渠道均投资可追溯技术等几种不同的情形，对生鲜电商供应链契约协调问题进行研究。

本部分的主要参数如表4.2.1所示。

表4.2.1　参数与含义

参数	含义
c	供应商的生产成本
w	供应商的批发价格
p	前置仓 i 所在区域的生鲜电商销售价格
ϑ	产品新鲜度
λ	产品库存可利用率
α	传统电商渠道产品价格对需求量的敏感系数
β	直播电商渠道产品价格对需求量的敏感系数
k	产品新鲜度对需求量的敏感系数
M	市场规模的大小
Π_S	供应商的利润
Π_R	生鲜电商的利润
Π_{SC}	供应链的总利润

与本部分相关的假设如下：

①由于市场容量有限，当一个渠道的价格发生变化时，另一个渠道的需求会受到影响。

②生鲜农产品在销售季节末的残值为0，不存在库存积压的风险。

③供应商和生鲜电商风险中性。

根据相关文献，考虑产品新鲜度和零售价格对需求的影响，生鲜农产品的需求函数为 $D_i = M - \alpha p_i + \beta p_j + k\vartheta_i$。该产品的需求随其零售价格的增加而减少，随另一个渠道同质替代品零售价格的增加而增加，随其新鲜度的增加而增加。

4.2.3　双渠道生鲜电商供应链利润模型构建与求解

这部分考虑了两种渠道供应链均不投资可追溯技术、传统电商渠道生鲜农产品供应链投资可追溯技术、直播电商渠道投资可追溯技术及两种渠道供应链均投资可追溯技术，为这 4 种情形建立自己的盈利模式并使其达到帕累托最优。供应链 1 是传统生鲜电商渠道供应链，供应链 2 是直播电商渠道供应链。

（1）以 TE 模式为背景的供应链决策

在这种情况下，供应链 1 是生鲜农产品在传统电商渠道中的供应链，供应链 2 是生鲜农产品在直播电商渠道中的供应链，因此生鲜电商在价格竞争下的利润函数分别为

$$\Pi_{R1}^{TE} = (\lambda p_1 - w_1)(M - \alpha p_1 + \beta p_2 + k\vartheta_1); \tag{4-2-1}$$

$$\Pi_{R2}^{TE} = (\lambda p_2 - c_2)(M - \alpha p_2 + \beta p_1 + k\vartheta_2)_{\circ} \tag{4-2-2}$$

通过求导来对生鲜电商的利润进行计算可得 $\dfrac{\partial^2 \Pi_{R2}^{TE}}{\partial p_2^2} = -2\alpha\lambda < 0$。

双渠道供应链中生鲜电商的利润函数对于其各自的零售价格是一个严格的凹函数。设一阶导数为 0，则在这种情况下可得到最优解

$$p_1^{TE*} = \frac{\lambda(2\alpha M + c\alpha) + \beta(k\beta + 2kc_2)}{\lambda(4k^2 - \beta^2)};$$

$$p_2^{TE*} = \frac{\lambda(2\alpha M + c\alpha) + \beta(k\beta + 2kw_1)}{\lambda(4k^2 - \beta^2)}_{\circ}$$

供应商的利润函数分别为

$$\Pi_{S1}^{TE} = (w_1 - c_1)D_1^{TE*}; \tag{4-2-3}$$

$$\Pi_{S2}^{TE} = (p_2^*\lambda - c_2)D_2^{TE*}_{\circ} \tag{4-2-4}$$

同理，对利润函数关于批发价格求导可得

$$w_1^{TE*} = \frac{\alpha kc_2 + 2\lambda\beta M}{2(2\beta^2 - k^2)}_{\circ}$$

将最优零售价格和最优批发价格代入利润函数即可得到最优利润。

（2）以 $\bar{T}E$ 模式为背景的供应链决策

传统电商渠道供应链投资了可追溯技术，直播电商渠道供应链不投资这一技术。此时，生鲜电商在两种渠道下的利润函数分别为

$$\Pi_{R1}^{\bar{T}E} = (p_1 - w_1)(M - \alpha p_1 + \beta p_2 + k\vartheta_1); \tag{4-2-5}$$

$$\Pi_{R2}^{\bar{T}E} = (\lambda p_2 - c_2)(M - \alpha p_2 + \beta p_1 + k\vartheta_2)_{\circ} \tag{4-2-6}$$

对利润函数关于价格求导可得 $\dfrac{\partial^2 \Pi_{R1}^{\bar{T}E}}{\partial p_1^2} = -2\alpha < 0$，$\dfrac{\partial^2 \Pi_{R2}^{\bar{T}E}}{\partial p_2^2} = -2\alpha\lambda < 0$。

双渠道供应链中生鲜电商的利润函数对于其各自的零售价格是一个严格的凹函数。设一阶导数为 0，则在这种情况下可得到最优解

$$p_1^{TE*} = \frac{\lambda(2\alpha M + c\alpha) + 2\beta(k\beta + 2\beta c_2)}{\lambda(4k^2 - \beta^2)};$$

$$p_2^{TE*} = \frac{\lambda(2\alpha M + c\alpha) + \lambda\alpha\beta w_1 + 2\beta^2 c_2}{\lambda(4k^2 - \beta^2)}。$$

供应商的利润函数分别为

$$\Pi_{S1}^{TE*} = (w_1 - c_1 - t)D_1^{TE*}; \tag{4-2-7}$$

其中，可追溯技术的单位标签成本为 t。

$$\Pi_{S2}^{TE*} = (p_2^* \lambda - c_2)D_2^{TE*}。 \tag{4-2-8}$$

同理，对利润函数关于批发价格求导可得

$$w_1^{TE*} = \frac{\alpha\beta c_2 + 2\lambda\alpha M + \lambda k - \lambda(k^2 - 2\beta^2)}{2\lambda(2\beta^2 - k^2)}。$$

将最优零售价格和最优批发价格代入利润函数即可得到最优利润。

（3）以 $T\bar{E}$ 模式为背景的供应链决策

传统电商渠道供应链没有对可追溯技术进行投资，而直播电商渠道供应链对可追溯技术进行了投资。此时，生鲜电商在两种渠道价格竞争下的利润函数分别为

$$\Pi_{R1}^{T\bar{E}} = (\lambda p_1 - w_1)(M - \alpha p_1 + \beta p_2 + k\vartheta_1); \tag{4-2-9}$$

$$\Pi_{R2}^{T\bar{E}} = (p_2 - c_2 - t)(M - \alpha p_2 + \beta p_1 + k\vartheta_2)。 \tag{4-2-10}$$

对利润函数关于价格求导可得 $\dfrac{\partial^2 \Pi_{R1}^{T\bar{E}}}{\partial p_1^2} = -2\alpha < 0$，$\dfrac{\partial^2 \Pi_{R2}^{T\bar{E}}}{\partial p_2^2} = -2\alpha\lambda < 0$。

双渠道供应链中生鲜电商的利润函数对于其各自的零售价格是一个严格的凹函数。设一阶导数为 0，则在这种情况下可得到最优解

$$p_1^{T\bar{E}*} = \frac{\lambda(2\alpha M + c\alpha) + 2\alpha^2 w_1 + \lambda\alpha\beta(c_2 + t)}{\lambda(4k^2 - \beta^2)},$$

$$p_2^{T\bar{E}*} = \frac{\lambda(2\alpha M + c\alpha) + \alpha\beta w_1 + 2\lambda\alpha^2(t + c_2)}{\lambda(4k^2 - \beta^2)}。$$

供应商的利润函数分别为

$$\Pi_{S1}^{T\bar{E}*} = (w_1 - c_1)D_1^{T\bar{E}*}; \tag{4-2-11}$$

$$\Pi_{S2}^{T\bar{E}*} = (p_2^* - c_2 - t)D_2^{T\bar{E}*}。 \tag{4-2-12}$$

同理，对利润函数关于批发价格求导可得

$$w_1^{TE*} = \frac{\lambda\alpha\beta(c_2 + t) + 2\lambda\alpha M + \lambda k + c_1(2\alpha^2 - \beta^2)}{2(2\beta^2 - k^2)}。$$

将最优零售价格和最优批发价格代入利润函数即可得到最优利润。

（4）以 $\overline{TE}$ 模式为背景的供应链决策

传统电商渠道供应链和直播电商渠道供应链都对可追溯技术进行了投资。此时，生鲜电商在两种渠道价格竞争下的利润函数分别为

$$\Pi_{R1}^{\overline{TE}} = (p_1 - w_1)(M - \alpha p_1 + \beta p_2 + k\vartheta_1)；\qquad (4\text{-}2\text{-}13)$$

$$\Pi_{R2}^{\overline{TE}} = (p_2 - c_2 - t)(M - \alpha p_2 + \beta p_1 + k\vartheta_2)。\qquad (4\text{-}2\text{-}14)$$

双渠道供应链中生鲜电商的利润函数对其各自的零售价格取一阶导数，使其等于 0。在这种情况下，可以得到最优解

$$p_1^{\overline{TE}*} = \frac{2\alpha M + c\alpha + \alpha(\beta c_2 + ct + 2\alpha w_1)}{4k^2 - \beta^2}；$$

$$p_2^{\overline{TE}*} = \frac{2\alpha M + c\alpha + \alpha(\beta w_1 + 2\alpha c_2 + 2\alpha t)}{4k^2 - \beta^2}。$$

供应商的利润函数分别为

$$\Pi_{S1}^{\overline{TE}*} = (w_1 - c_1 - t)D_1^{\overline{TE}*}；\qquad (4\text{-}2\text{-}15)$$

$$\Pi_{S2}^{\overline{TE}*} = (p_2^* - c_2 - t)D_2^{\overline{TE}*}。\qquad (4\text{-}2\text{-}16)$$

同理，对利润函数关于批发价格求导可得

$$w_1^{\overline{TE}*} = \frac{\alpha\beta(c_2 + t) + 2\alpha M + \beta k + (c_1 + t)(2\alpha^2 - \beta^2)}{2(2\beta^2 - k^2)}。$$

将最优零售价格和最优批发价格代入利润函数即可得到最优利润。

4.2.4　模型分析与对比

这部分比较了双渠道下生鲜电商供应链的不同模式，分析了相关决策变量对利润趋势的影响。

（1）$\overline{TE}$ 模式与 TE 模式的生鲜农产品供应链比较

定理 4.1　当 $t < t_1$ 时，通过传统电商渠道对生鲜农产品供应链的可追溯技术进行投资后，所有成员的利润和总利润都增加了，供应商愿意对可追溯技术进行投资；当 $t > t_1$ 时，采用可追溯技术后，生鲜农产品供应链通过传统电商渠道获得的利润比不采用可追溯技术时要少，供应商不愿意采用可追溯技术，其中，$t_1 = \dfrac{(1 - \sqrt{\lambda})(\sqrt{\lambda}\tau c_1 - \mu)}{\lambda\tau}$，$\tau$ 表示生鲜品的损耗系数，μ

表示成本补偿系数。

证明： 当可追溯技术的标签成本满足以下条件时，供应商愿意投资可追溯技术。$\Pi_{S1}^{\overline{TE}*} > \Pi_{S1}^{TE*}$，即 $(w_1^{\overline{TE}*} - c_1 - t)D_1^{\overline{TE}*} > (w_1^{TE*} - c_1)D_1^{TE*}$。当 $\Pi_{R1}^{\overline{TE}*} > \Pi_{R1}^{TE*}$ 时，即 $(p_1^{\overline{TE}*} - w_1^{\overline{TE}*})D_1^{\overline{TE}*} > (\lambda p_1^{TE*} - w_1^{TE*})D_1^{TE*}$。当 $\Pi_{SC1}^{\overline{TE}*} > \Pi_{SC1}^{TE*}$ 时，即 $\Pi_{S1}^{\overline{TE}*} + \Pi_{R1}^{\overline{TE}*} > \Pi_{S1}^{TE*} + \Pi_{R1}^{TE*}$。

求解，可得 $\lambda(\tau c_1 + \mu)^2 < [\mu + \lambda\tau(c_1 + \mu)]^2$。化简，可得 $t < \dfrac{(1 - \sqrt{\lambda})(\sqrt{\lambda}\tau c_1 - \mu)}{\lambda\tau}$。其中，$\tau = \beta^2 - 2\alpha^2$，$\mu = \alpha\beta c_2 + \lambda(2\alpha M + \beta k)$。

（2）$\overline{TE}$ 模式与 TE 模式的生鲜农产品供应链比较

定理 4.2　当 $t < t_2$ 时，通过直播电商渠道在生鲜农产品供应链中采用可追溯技术后，供应链的总利润增加，供应商愿意采用可追溯技术；当 $t > t_2$ 时，供应链投资可追溯技术后的利润小于投资前的利润，供应商不愿意使用可追溯技术，其中，$t_2 = \dfrac{(1 - \sqrt{\lambda})}{\lambda} \dfrac{[\varphi + \vartheta + \alpha\beta c_1(2\alpha^2 - \beta^2) - \sqrt{\lambda}\alpha^2\beta^2 c_2]}{2(2\alpha^2 - \beta^2)^2 - k\alpha^2\beta^2}$。

证明： 当新的电商供应链投资可追溯技术时，其利润高于不投资可追溯技术时的利润，即 $\Pi_{SC2}^{\overline{TE}*} > \Pi_{SC2}^{TE*}$ 时，$(p_2^{\overline{TE}*} - c_2 - t)D_2^{\overline{TE}*} > (\lambda p_2^{TE*} - c_2)D_2^{TE*}$，可得

$$t < \frac{(1 - \sqrt{\lambda})}{\lambda} \frac{[\varphi + \vartheta + \alpha\beta c_1(2\alpha^2 - \beta^2) - \sqrt{\lambda}\alpha^2\beta^2 c_2]}{2(2\alpha^2 - \beta^2)^2 - k\alpha^2\beta^2}$$

（3）$\overline{TE}$ 模式与 TE 模式的生鲜农产品供应链比较

定理 4.3　当传统电商渠道和直播电商渠道都投资可追溯技术后，双渠道生鲜电商各成员的利润和供应链的总利润都有所增加，供应商愿意采用可追溯技术，其中 $t_3 = \dfrac{(1 - \sqrt{\lambda})[\alpha\beta c_2 - \sqrt{\lambda}(2\alpha M + \beta M) + c_1\tau]}{\sqrt{\lambda}(\alpha\beta + k^2 - 2\beta^2)}$，$t_4 = \dfrac{(1 - \sqrt{\lambda})[\varphi + \vartheta + \alpha\beta c_1(2\alpha^2 - \beta^2) - \sqrt{\lambda}\alpha^2\beta^2 k]}{\lambda} \dfrac{}{2(2\alpha^2 - \beta^2)^2 - \alpha^2\beta^2}$。

证明： 当 $\Pi_{S1}^{\overline{TE}*} > \Pi_{S1}^{TE*}$ 时，$(w_1^{\overline{TE}*} - c_1 - t)D_1^{\overline{TE}*} > (w_2^{TE*} - c_1)D_1^{TE*}$，传统电商渠道生鲜农产品供应链 1 才会投资可追溯技术。求解，可得 $t > \dfrac{(1 - \sqrt{\lambda})[\alpha\beta c_2 - \sqrt{\lambda}(2\alpha M + \beta M) + c_1\tau]}{\sqrt{\lambda}(\alpha\beta + k^2 - 2\beta^2)}$。其中，$\tau = \alpha\beta c_2 + \lambda(2\alpha M + \beta k)$。

当 $\Pi_{SC2}^{\overline{TE}*} > \Pi_{SC2}^{TE*}$ 时，$(p_2^{\overline{TE}*} - c_2 - t)D_2^{\overline{TE}*} > (p_2^{TE*} - c_2)D_2^{TE*}$，传统电商渠道

生鲜农产品供应链 1 才会投资可追溯技术。求解，可得 $t < \dfrac{(1 - \sqrt{\lambda})}{\lambda} \times$

$\dfrac{[\varphi + \vartheta + \alpha\beta c_1(2\alpha^2 - \beta^2) - \sqrt{\lambda}\alpha^2\beta^2 k]}{2(2\alpha^2 - \beta^2)^2 - \alpha^2\beta^2}$。其中，$\varphi = 2\lambda(2\alpha^2 - \beta^2)(2\alpha M + \beta k)$。

4.2.5 生鲜电商供应链激励契约协调优化分析

由于无法精确预测消费者未来的需求，不得不采取盲目的采购及生产计划，这不仅会造成产品积压等问题，还会导致生鲜电商面临价值损失的风险。将风险因素纳入激励契约，对供应链进行设计和优化，能够有效提升供应链的利润水平。然而，在当前特殊的形势下，技术水平低、质量问题及安全隐患仍然普遍存在。除此之外，资金不足、研发水平低等问题给农产品行业的创新水平带来了极大的不利影响，同时也阻碍了农产品行业的进步和发展。在此背景下，加强对科技研发的投入，不仅能够促进产品质量的优化，而且能为安全水平的提升带来积极作用。

定理 4.4 在不完全信息的情况下，通过增加科技投入来提高生鲜农产品的质量和安全性，可以增加生鲜电商的份额，并在某种程度上，生鲜电商可以减少风险成本、激励成本和最终的生鲜农产品供应链总成本；当采用激励契约时，生鲜电商可以通过一定的最优努力获得最优份额，并使其期望效用最大化。

证明： 假设 b 为信息不完全情况下，供应商能够感知到的质量及安全等方面的投入，且 b 与生鲜电商付出的努力程度 e 无关，与政府政策等外生的不确定性因素 x 有关，与生鲜电商的效用函数 y 有关，$b \sim N(0, \sigma_b^2)$。因此，激励契约的计算方法为 $\pi(y, b) = s + k(y + \gamma b)$，$\gamma$ 表示生鲜电商的利润与 b 的相关性，如果 $\gamma = 0$，表示生鲜电商的利润与 b 无关。其中，s 表示双方商定的固定收益。

在给定的激励契约 $\pi(y, b) = s + k(y + \gamma b)$ 的情况下，生鲜电商的确定性等价利润为 $(1 - h)\left[s + ke - \dfrac{1}{2}\beta e^2 - \dfrac{1}{2}\rho k^2 \mathrm{var}(y + \gamma b)\right]$，代入后为 $(1 - h)\left[s + ke - \dfrac{1}{2}\beta e^2 - \dfrac{1}{2}\rho k^2(\sigma^2 + \gamma^2\sigma_b^2 + 2\gamma\mathrm{cov}(y, b))\right]$，生鲜电商的参与约束 IR 为确定性等价利润不小于 u_0。

对于激励契约，生鲜电商选择 e 最大化确定性等价利润。通过求导可得

相容约束 IC 为 $e = \dfrac{k}{\beta}$。

由于 b 与 e 无关，因此 γ 与生鲜电商的保鲜努力不存在直接关联，同时，供应商在经济活动中期望获得的利润 $E(y - s - k(y + \gamma b)) = -s + (1 - k)e$。

基于上述分析，只有满足下述模型，供应商所获得的利润才能够达到最优。

$$\max_{s,k} = -s + (1 - k)e,$$

$$\text{s. t.} \begin{cases} (1 - h)\left[s + ke - \dfrac{1}{2}\beta e^2 - \dfrac{1}{2}\rho k^2 (\sigma^2 + \gamma^2 \sigma_b^2 + 2\gamma \mathrm{cov}(y, b)) \right] \geqslant u_0 \\ e = \dfrac{k}{\beta} \end{cases}$$

$$(4-2-17)$$

将 IR 和 IC 代入目标函数，其可以化为 $\max\limits_{k,\gamma} \dfrac{k}{\beta} - \dfrac{1}{2}\rho k^2 (\sigma^2 + \gamma^2 \sigma_b^2 +$

$2\gamma \mathrm{cov}(y, b)) - \dfrac{k^2}{2\beta} - \dfrac{u_0}{1 + \theta^t \ln \theta}$。

上述目标函数分别对 k 和 γ 进行求导，得

$$\frac{1}{\beta} - \rho k(\sigma^2 + \gamma^2 \sigma_b^2 + 2\gamma \mathrm{cov}(y, b)) - \frac{k}{\beta} = 0; \qquad (4-2-18)$$

$$\gamma \sigma_b^2 + \mathrm{cov}(y, b) = 0。 \qquad (4-2-19)$$

解式（4-2-18）和式（4-2-19）可得

$$k = \frac{1}{1 + \rho\beta\left(\sigma^2 - \dfrac{\mathrm{cov}^2(y, b)}{\sigma_b^2} \right)}; \qquad (4-2-20)$$

$$\gamma = -\frac{\mathrm{cov}(y, b)}{\sigma_b^2}。 \qquad (4-2-21)$$

由于 $\sigma^2 \sigma_b^2 \geqslant \mathrm{cov}^2(y, b)$，所以 $0 < k < 1$。

若将质量、安全等投入 b 纳入考虑范围之内，可以得到，当 $\mathrm{cov}(y, b) \neq 0$ 时，生鲜电商在分成中所能够获得的份额 $k = \dfrac{1}{1 + \rho\beta\left(\sigma^2 - \dfrac{\mathrm{cov}^2(y, b)}{\sigma_b^2} \right)} >$

$\dfrac{1}{1 + \rho\beta\sigma^2}$，从这一层面来看，生鲜电商在分成中所获得的份额明显提升，

激励契约的激励力度也得到了提高。此外，生鲜电商所要承担的风险

$$\mathrm{var}(\pi(y,b)) = \frac{\sigma^2 - \dfrac{\mathrm{cov}^2(y,b)}{\sigma_b^2}}{\left[1 + \rho\beta\left(\sigma^2 - \dfrac{\mathrm{cov}^2(y,b)}{\sigma_b^2}\right)\right]^2}, \text{ 而 } \mathrm{var}(\pi(y)) = \frac{\sigma^2}{(1 + \rho\beta\sigma^2)^2},$$

所以 $\mathrm{var}(\pi(y,b)) < \mathrm{var}(\pi(y))$，此时生鲜电商所承担的风险降低了。

在信息不完全的情况下，生鲜农产品供应商在签订激励契约后可以观察到产品质量安全技术投入情况，此时的风险成本 $C_{r2} = \dfrac{1}{2}\rho\mathrm{var}(t(y,b)) =$

$$\frac{\rho\left(\sigma^2 - \dfrac{\mathrm{cov}^2(y,b)}{\sigma_b^2}\right)}{2\left[1 + \rho\beta\left(\sigma^2 - \dfrac{\mathrm{cov}^2(y,b)}{\sigma_b^2}\right)\right]^2}, \text{ 供应商所预期的净损失 } \Delta Ey = \Delta e = e^* - $$

$$e = \frac{\rho\left(\sigma^2 - \dfrac{\mathrm{cov}^2(y,b)}{\sigma_b^2}\right)}{1 + \rho\beta\left(\sigma^2 - \dfrac{\mathrm{cov}^2(y,b)}{\sigma_b^2}\right)}。$$

努力成本的节约 $\Delta C = \dfrac{2\rho\left(\sigma^2 - \dfrac{\mathrm{cov}^2(y,b)}{\sigma_b^2}\right) + \rho^2\beta\left(\sigma^2 - \dfrac{\mathrm{cov}^2(y,b)}{\sigma_b^2}\right)^2}{2\left[1 + \rho\beta\left(\sigma^2 - \dfrac{\mathrm{cov}^2(y,b)}{\sigma_b^2}\right)\right]^2}$，

此时的激励成本 $C_{i2} = \Delta Ey - \Delta C = \dfrac{\rho^2\beta\left(\sigma^2 - \dfrac{\mathrm{cov}^2(y,b)}{\sigma_b^2}\right)^2}{2\left[1 + \rho\beta\left(\sigma^2 - \dfrac{\mathrm{cov}^2(y,b)}{\sigma_b^2}\right)\right]^2}。$

由此可知，对于生鲜电商而言，其在交易活动中所需投入的成本为

$$C_{a2} = C_{r2} + C_{i2} = \frac{\rho\left(\sigma^2 - \dfrac{\mathrm{cov}^2(y,b)}{\sigma_b^2}\right)}{2\left[1 + \rho\beta\left(\sigma^2 - \dfrac{\mathrm{cov}^2(y,b)}{\sigma_b^2}\right)\right]}。 \tag{4-2-22}$$

从上述分析可知，在信息不对称的前提下，将生鲜电商所感知的安全、技术等投入加入前后的计算结果进行对比能够发现：生鲜农产品的份额增加了，对契约的激励也增加了；当 $\mathrm{cov}(y,b) = 0$ 时，生鲜电商所承担的成本具有一致性；当 $\mathrm{cov}(y,b) \neq 0$ 时，不论是风险成本、激励成本还是最终的整体成本均会出现下降的情况，因此能够有效提升整体利润。

将风险因素纳入变量范围来对激励契约进行优化和完善，不仅能够达到降低成本的目的，还能有效激励生鲜电商提高努力水平，并确保供应商和生鲜电商获取更高的利润，最终达到提高供应链协调性的目的。

4.2.6　算例分析

基于本部分的相关结论，针对抖音平台生鲜类产品进行调查，这类生鲜农产品的供应链运作模式符合生鲜电商双渠道供应链模式。为了进一步揭示投资可追溯技术对双渠道模式下生鲜电商供应链的影响，根据调查数据设置相关参数。令 $M = 300$ ，$\alpha = 13$ ，$\beta = 8$ ，$k = 2$ ，$\vartheta = 0.7$ ，$\lambda = 0.8$ ，$c_1 = c_2 = 5$ 。下面比较双渠道供应链可追溯技术的不同投资案例，分析追溯技术标签成本、生鲜电商和供应商之间的讨价还价能力对供应链利润的影响，在此基础上，进一步研究双渠道供应链竞争关系投资与生鲜农产品可追溯技术的最优投资决策。

图 4.2.1 体现可追溯技术标签成本和讨价还价能力对供应商利润差值的影响，图中两条相交线是供应商承担标签成本的临界值。从图中可以看出，供应商承担标签成本的阈值逐渐增加，随着可追溯技术标签成本门槛的提高，生鲜电商的讨价还价能力逐渐降低；在可追溯技术投资的初始阶段，供应商需要承担较大的成本，供应商可以与生鲜电商协商，给他们更低的折扣，或者生鲜电商主动协调供应商，鼓励供应商采用可追溯技术。当供应商与生鲜电商之间的谈判没有折扣时，供应商的利润将呈现上升趋势。

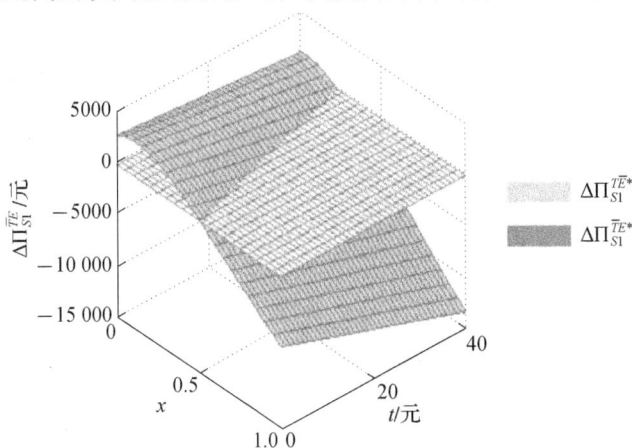

图 4.2.1　可追溯技术标签成本和讨价还价能力对供应商利润差值的影响

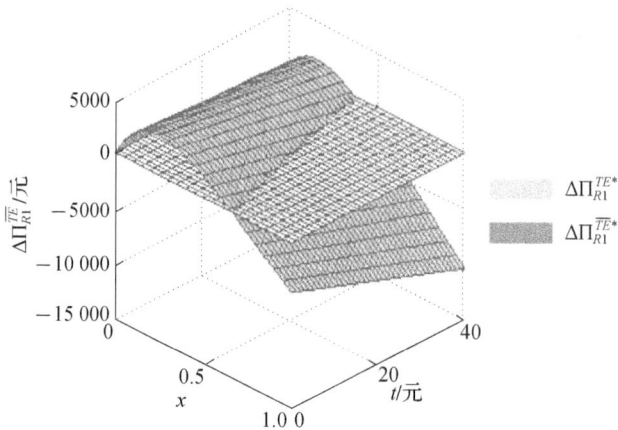

图 4.2.2　可追溯技术标签成本和讨价还价能力对生鲜电商利润差值的影响

从图 4.2.2 可以看出，投资可追溯技术和不投资可追溯技术的传统电商渠道的利润差值随可追溯技术标签成本和讨价还价能力而变化。当标签成本大于临界值时，生鲜电商利润差值随可追溯技术标签成本的增加而增大，随讨价还价能力的降低而增大。此时，生鲜电商和供应商可以根据自己的讨价还价能力来决定是否投资可追溯技术，从而提高自己的利润。

从图 4.2.3 可以看出，当两个渠道都投资可追溯技术时，生鲜电商的利润差值大于零。因此，投资可追溯技术的生鲜电商可以获得利润，并随着讨价还价能力的提高而增加。但为了防止供应链中其他节点企业不投资可追溯技术而搭便车，可以鼓励生鲜电商投资可追溯技术，而生鲜电商可以提高产品的折扣率，实现双赢。

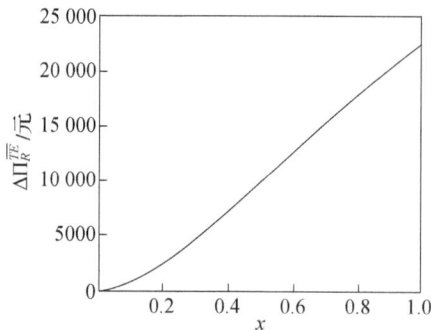

图 4.2.3　讨价还价能力对生鲜电商利润差值的影响

图 4.2.4 展示了 4 种模式下库存损耗率和标签成本对供应链利润的影响。生鲜电商供应链的利润与可追溯技术的标签成本成反比。然而，随着库存耗竭率的增加，供应链的利润呈现不同的变化趋势。

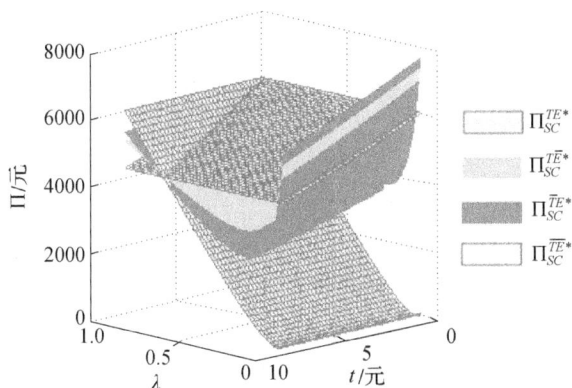

图 4.2.4　4 种模式下库存损耗率和标签成本对供应链利润的影响

当产品库存可用性高且可追溯技术不投资于 4 种模式中的任何一种时，生鲜农产品供应链的利润最高，其次是传统电商渠道在可追溯技术上的投资利润，再次是直播电商渠道在可追溯技术上的投资利润，而两个渠道在可追溯技术上的投资利润最低。在这一点上，生鲜供应链的最佳策略是不投资可追溯技术。当产品的库存利用率处于中间水平时，生鲜农产品供应链的利润在两个渠道都投入可追溯技术时最高，其次是直播电商渠道在可追溯技术上的投资利润和传统电商渠道在可追溯技术上的投资利润。当双方都不投资可追溯技术时，生鲜农产品供应链的利润最低。在此情况下，生鲜电商供应链的最优投资决策是投资可追溯技术。当产品库存利用率较低时，传统电商渠道投资可追溯技术的利润最高，其次是直播电商渠道投资可追溯技术的利润，再次是两个渠道投资可追溯技术的利润，而生鲜农产品供应链在没有渠道投资可追溯技术的情况下利润最低。在这种情况下，传统电商渠道投资可追溯技术是生鲜电商供应链的最优投资决策。

4.2.7　本节小结

本节针对由一个供应商和一个生鲜电商组成的两级生鲜电商供应链，考虑了传统电商渠道和直播电商渠道模式，对生鲜农产品的新鲜度、产品库存可用性进行供应链决策，比较不同渠道影响下的决策变量阈值。进一步研究如何通过可追溯技术提高生鲜农产品新鲜度，提高库存利用率，探讨投资可追溯技术下生鲜电商供应链的最优决策，以及不同的主体在投资可追溯技术时如何决策，以实现利润最大化。研究表明：①生鲜电商供应链的利润随着可追溯技术标签成本的增加而增加，随着库存损耗率的增加呈现不同的趋势。②若产品的库存可用性较高，当两种渠道都不投资可追溯技术时，生鲜农产品供应链的利润最高，当两种渠道都投资可追溯技术时，生鲜农产品供应链的利润最低。在这种情况下，生鲜农产品供应链的最优策略是不投资追溯技术。③若产品的库存利用率处于中间水平，当两种渠道都投资可追溯技术时，生鲜农产品供应链的利润最高；当两种渠道都不投资可追溯技术时，生鲜农产品供应链的利润最低。此时，生鲜电商供应链的最优投资决策是投资可追溯技术。④当产品库存利用率较低时，传统电商渠道投资可追溯技术的利润最高；而当两种渠道均不投资可追溯技术时，生鲜农产品供应链的利润最低。在这种情况下，传统电商渠道对可追溯技术的投资是生鲜电商供应链的最优投资决策。当供应链中的每个节点企业决定投资可追溯技术时，可以根据产品的库存利用率来决定投资的方式，从而提高供应链的总利润。⑤当加大对安全、质量等的投入后，生鲜电商在供应链中的份额得到了显著提升。除此之外，不论是生鲜电商、供应商的利润还是整体利润均得到了不同程度的提升。从这一层面来看，将对安全、质量等的投入作为激励因素，能够有效确保供应链的优化。

第5章 考虑竞合关系的生鲜电商供应链契约协调的优化方法

生鲜农产品的高效流通是抑制农产品价格过快上涨、实现供求平衡、促进生鲜行业经济增长的有效途径。目前，我国生鲜农产品流通模式不断演进，竞合关系不断转换，传统模式与现代模式不断互动、替代、融合。随着供应链管理理念的深入和信息技术的不断发展，单一的竞争或合作关系逐渐趋于多样化。本章对竞争型和合作型生鲜电商供应链契约协调问题的优化方法进行了进一步的分析。

5.1 竞争型生鲜电商供应链契约协调优化研究

5.1.1 问题的提出

随着互联网时代的发展和科学技术的进步，可追溯技术被认为是解决库存不准确问题的有效方法。生鲜农产品是一种特殊的易腐产品，其储存和运输的过程都会造成产品损耗和新鲜度降低。通过采用流动追踪技术，可以快速跟踪产品信息，提升供应链中产品的可追溯性，做好产品相关信息的统计，避免出现产品过期的问题，有效降低产品在供应链中的损耗率。可追溯技术提供了可见性，并能够准确地监控库存，特别是降低盗窃的发生率。从实际操作来看，京东、天猫、抖音等大型电商平台已将可追溯技术扩展到日用品及其他部分行业的供应链管理过程，并取得了明显的效果。然而，追溯技术对成本及投入要求较高，这一问题的存在对可追溯技术的普及有不利影响。同时，可追溯技术的引入能够造成利润结构的变动，因此可能出现某一利益主体搭便车的问题，进一步阻碍了可追溯技术的应用。探讨可追溯技术在竞争激烈的供应链环境下的投资问题迫在眉睫。

因此，在本节研究中，假定可追溯技术的引入从根本上避免库存信息失真或损失问题。除此之外，将供应商与生鲜电商之间的议价行为纳入考虑范围之内，并以此为基础对该技术的成本效益进行深入剖析。在"保鲜成本分担＋利润共享"混合契约下，不同的保鲜成本、消费者对新鲜度的敏感度及对价格的敏感度都会对生鲜电商供应链各方的利润产生显著影响。通过对上述问题进行探讨和分析，以消费者效用函数为基础对供应链协调优化机制的构建和完善提供必要的参考依据。

5.1.2　问题描述及参数说明

针对由两个供应商与一个生鲜电商组成的两级供应链进行研究。生鲜电商处于领先地位，两个供应商只生产同质产品，二者具有可替代性，生鲜电商同时销售两个供应商提供的单周期产品，竞争型电商供应链的框架如图5.1.1所示。根据供应商可追溯技术投资应用的不同，将研究分为3种场景：两个供应商未采用可追溯技术（简称 SS 模式）；仅一个供应商采用可追溯技术，而另一个供应商不采用此技术（简称 $\overline{S}S$ 模式）；两个供应商均采用可追溯技术（简称 $\overline{SS}$ 模式）。

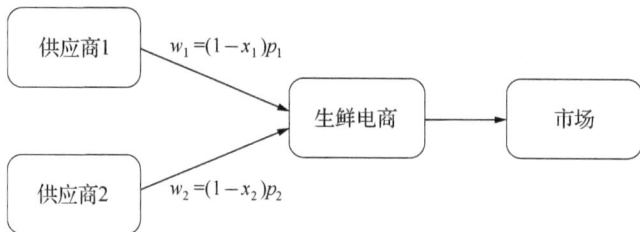

图5.1.1　竞争型生鲜电商供应链框架

对于生鲜电商 R，其需求函数为
$$u_i = Q_0 - \alpha p_i + k_1(p_j - p_i) + \beta\{\theta(t_i) - k_2[\theta(t_j) - \theta(t_i)]\}。$$

$$(5-1-1)$$

其中，$i = 1, 2, j = 3 - i$，u_i 为 R 对产品 i 的期望需求；α 为需求的价格敏感性参数；β 为市场对新鲜度偏好系数，且 α 和 β 都大于零；k 为种两生鲜农产品的竞争系数。为了便于分析，假设 $k = k_1 = k_2$，$\vartheta_i = \theta(t_i) - k[\theta(t_j) - \theta(t_i)]$，则

$$u_i = Q_0 - \alpha p_i + k(p_j - p_i) + \beta\vartheta_i。$$ $$(5-1-2)$$

假设对于某产品而言，价格与需求呈现负相关关系。

由于生鲜电商的产品价格是不可预测的，供应商通过议价来确定批发价

格 w（与生鲜电商在实际情况下选择的价格无关），因此，生鲜电商选择的最优零售价格必须符合利润最大化的原则。供应商与生鲜电商的讨价还价过程为 $w_i = (1 - x_i)p_i$，$p_i = \mathrm{argmax}\Pi_R$，$i = 1$，其中 x_i 为非对称前提下生鲜电商的讨价还价能力，$0 < x_i < 1$，且 $c_i < w_i < p_i$。

生鲜电商根据估计的市场需求向供应商采购，二者都没有实现库存信息的共享。生鲜电商的库存存在两个主要问题：错位和浪费。错放量与库存量的比值为 λ（$\lambda \in [0,1]$），商品损耗量与库存量的比值为 φ（$\varphi \in [0,1]$），当库存量为 Q 时，可以被正常销售的商品数量为 $(1 - \lambda - \varphi)Q$，剩余的商品数量为 λQ，其在销售期末具有的单位残值为 s。

根据研究需要，本部分的相关参数如表 5.1.1 所示。

表 5.1.1　参数与含义

符号	含义
c	供应商生产产品的单位成本
u	生鲜电商对产品 i 的需求量
Q_0	销售价格为零时，生鲜电商产品需求量
α	需求的价格敏感性系数
β	两生鲜农产品供应商的偏好系数
$\theta(t)$	产品新鲜度
k	两生鲜农产品供应商的竞争系数
w	供应商对产品的批发价格
p	生鲜电商对产品的销售价格
λ	商品错放量与库存量的比值
φ	商品损耗量与库存量的比值
δ	生鲜电商投资标签成本比例
$(1 - \lambda - \varphi)Q$	可被正常销售的商品数量
s	错放的商品在销售季节末具有的单位残值
x	非对称情况下，生鲜电商的讨价还价能力
Π	利润

①在一个销售周期 T 内，顾客到达率 δ 是固定的；

②零交货时间，不允许缺货；

③供应商和生鲜电商是风险中性的，以利润最大化为目标。

其他符号的含义：

c 为单位生鲜农产品的生产成本；Q_c 为集中决策下生鲜电商的订购量；p_c 为集中决策下生鲜农产品的零售价格；π_c 为集中决策下生鲜电商供应链的利润；w_i 为分散决策下生鲜农产品供应商的批发价格；Q_d 为分散决策下生鲜电商的订购量；p_d 为分散决策下生鲜农产品的零售价格；π_{ri} 为分散决策下生鲜电商的利润；π_{si} 为分散决策下生鲜农产品供应商的利润；π_i 为分散决策下生鲜电商供应链的总利润。其中，$i = 1$ 表示无契约的情况；$i = 2$ 表示保鲜成本共担契约的情况；$i = 3$ 表示"保鲜成本共担 + 利润共享"契约的情况。

5.1.3　无契约下生鲜电商供应链的协调优化分析

考虑使用可跟踪技术，实时监控，以解决错位和损耗问题。可追溯技术是在产品生产出来之后使用的，一般由供应商完成。因此，假设供应商承担可追溯技术的成本，这里只考虑技术投资所需的可变成本——标签成本，不考虑一次性的固定投资成本。当供应商采用可追溯技术时，生鲜电商可以使用供应商贴在产品上的可追溯技术标签，使得 $\lambda = \varphi = 0$，彻底消除了商品库存的错位和损耗问题，进而从中受益。

（1）SS 模式下的均衡解

在供应商引入可追溯技术的条件下，设被错放的库存量为 λu，销售季节末具有的单位残值为 s，损耗量为 φu，库存可利用量为 $(1 - \lambda - \varphi)u$，则生鲜电商的利润为

$$\Pi_R^{SS}(p) = \sum_{i=1}^{2} \left\{ \left[(1 - \lambda - \varphi)p_i + \lambda s_i \right] u_i - w_i u_i \right\}。 \qquad (5\text{-}1\text{-}3)$$

在式（5-1-3）中，批发价格是固定值，双方在博弈的过程中，当生鲜电商试图最大化其利润时，其求解过程如下：对销售价格关于利润求导，也就是说，一阶导数为零，二阶导数小于零，求出 p_i^* 后代入式（5-1-1）即可求得其利润最大值。

首先对式（5-1-3）中的 p_i 进行求导：

$$\frac{\partial \Pi_R^{SS}(p)}{\partial p_i} = -2(1 - \lambda - \varphi)\left[(\alpha + k)p_i - kp_j \right] - (\alpha + k)(\lambda s_i - w_i) +$$

$$k(\lambda s_j - w_j) + (1 - \lambda - \varphi)(Q_0 + \beta\vartheta_i); \tag{5-1-4}$$

$$\frac{\partial^2 \Pi_R^{SS}(p)}{\partial p_i^2} = -2(\alpha + k)(1 - \lambda - \varphi) < 0。 \tag{5-1-5}$$

得均衡解

$$p_i^{SS} = \frac{[k^2 - (\alpha + k)^2](\lambda s_i - w_i) + (\alpha + 2k)(1 - \lambda - \varphi)(Q_0 + \beta\vartheta_i)}{2(1 - \lambda - \varphi)[(\alpha + k)^2 - k^2]}。$$

基于生鲜电商讨价还价能力得

$$w_i = (1 - x_i)p_i。 \tag{5-1-6}$$

将式 (5-1-6) 代入 p_i 得

$$p_i^{SS*} = \frac{(1 - \lambda - \varphi)(Q_0 + \beta\vartheta_i) - \alpha\lambda s_i}{[1 + x_i - 2(\lambda + \varphi)]\alpha}; \tag{5-1-7}$$

$$w_i^{SS*} = (1 - x_i)\frac{(1 - \lambda - \varphi)(Q_0 + \beta\vartheta_i) - \alpha\lambda s_i}{[1 + x_i - 2(\lambda + \varphi)]\alpha}; \tag{5-1-8}$$

$$u_i^{SS*} = \frac{(\alpha + k)\lambda s_i - k\lambda s_j + (x_i - \lambda - \varphi)(Q_0 + \beta\vartheta_i)}{1 + x_i - 2(\lambda + \varphi)}; \tag{5-1-9}$$

$$\Pi_R^{SS*}(p) = \sum_{i=1}^{2} \left\{ (1 - \lambda - \varphi) \times \right.$$

$$\left.\frac{[\alpha\lambda s_i + (x_i - \lambda - \varphi)](Q_0 + \beta\vartheta_i)[\alpha\lambda s_i + (x_i - \lambda - \varphi)(Q_0 + \beta\vartheta_i) + k\lambda(s_i - s_j)]}{\alpha[1 + x_i - 2(\lambda + \varphi)]^2} \right\}。$$

$$\tag{5-1-10}$$

供应商利润为

$$\Pi_{Si}^{SS}(w) = u_i(w_i - c_i), i = 1, 2。 \tag{5-1-11}$$

将式 (5-1-8)、式 (5-1-9) 代入式 (5-1-11) 即可求出

$$\Pi_{Si}^{SS} = [(\alpha + k)\lambda s_i - k\lambda s_j + (x_i - \lambda - \varphi)(Q_0 + \beta\vartheta_i)] \times$$

$$\{(1 - x_i)[(1 - \lambda - \varphi)(Q_0 + \beta\vartheta_i) - \alpha\lambda s_i] -$$

$$\alpha[1 + x_i - 2(\lambda + \varphi)]c_i\}/\alpha[1 + x_i - 2(\lambda + \varphi)]^2。$$

(2) $\overline{SS}$ 模式下的均衡解

在供应商 j 引入可追溯技术的前提下,生鲜电商能够通过可追溯技术标签无条件了解 j 的商品。因此,从供应商 j 处获得的商品通常不会出现错放情况,也不会出现损耗,全部产品均可进行交易。相比之下,从供应商 i 处获得的商品在库存方面仍然存在一定的不确定性。基于此,生鲜电商能够获取的利润为

$$\Pi_R^{\overline{SS}}(p) = u_j(p_j - w_j) + \left[(1 - \lambda - \varphi)p_i + \lambda s_i \right]u_i - w_i u_i, i = 1, 2, j = 3 - i;$$

$$(5-1-12)$$

$$w_j^{\overline{SS}} = (1 - x_j)p_j; \tag{5-1-13}$$

$$u_j^{\overline{SS}} = Q_0 - \alpha p_j + k(p_i - p_j) + \beta \vartheta_j \text{。} \tag{5-1-14}$$

分别对 p_j、p_i 一阶求导，二阶求导小于零，由此可得

$$p_j^{\overline{SS}*} = \left[(2\Phi - 1 + x_i)(\alpha + k) + k\Phi(x_i + \Phi) \right] \times$$
$$\{ (Q_0 + \beta \vartheta_j) + k(\alpha + k)\lambda s_i(\Phi - 1)/$$
$$(1 + x_j)(2\Phi - 1 + x_i)(\alpha + k)^2 - k^2(x_j + \Phi)(\Phi + x_i) \};$$

$$(5-1-15)$$

$$p_i^{\overline{SS}*} = \left[\Phi(1 + x_j)(\alpha + k) + k(x_j + \Phi) \right] (Q_0 + \beta \vartheta_i) +$$
$$\{ \lambda s_i [k^2(x_j + \Phi) - (1 + x_j)(\alpha + k)^2]/$$
$$(1 + x_j)(2\Phi - 1 + x_i)(\alpha + k)^2 - k^2(x_j + \Phi)(\Phi + x_i) \} \text{。}$$

$$(5-1-16)$$

其中，$\Phi = 1 - \lambda - \varphi$。

$$u_j^{\overline{SS}} = (Q_0 + \beta \vartheta_j) - \{ k(Q_0 + \beta \vartheta_j) [k(x_j + \Phi) + (\alpha + k)$$
$$(x_j + 1)\Phi] - \alpha k \lambda s_i(\alpha + 2k)(x_j + \Phi) \}/K \{ - (\alpha + k)\Gamma \}/K \text{。}$$

$$(5-1-17)$$

其中，$K = (\alpha + k)^2(x_j + 1)(1 - x_i - 2\Phi) + k^2(x_i + \Phi)(x_j + \Phi)$，$\Gamma = (Q_0 + \beta \vartheta_j) [(\alpha + k)(1 - x_i - 2\Phi) - k\Phi(x_i + \Phi)] + k\lambda s_i(\alpha + k)(1 - \Phi)$，

$$u_i^{\overline{SS}} = (Q_0 + \beta \vartheta_i) +$$

$$k \frac{(Q + \beta \vartheta_i) [(\alpha + k)(1 - x_i - 2\Phi) - k\Phi(x_i + \Phi)] + k\lambda s_i(\alpha + k)(1 - \Phi)}{K} -$$

$$\frac{(\alpha + k)M}{K} \text{。} \tag{5-1-18}$$

其中，$M = \alpha \lambda(\alpha + 2k)s_i(x_j + \Phi) - (Q_0 + \beta \vartheta_i) [k(x_i + \Phi) + (\alpha + k)(x_j + 1)\Phi]$。

将式（5-1-17）、式（5-1-18）代入式（5-1-12）即可计算出生鲜电商所获得的利润。

供应商 j 利润为

$$\Pi_{Sj}^{SS}(w) = u_j(w_j - c_j - t) \text{。} \tag{5-1-19}$$

将式（5-1-13）、式（5-1-15）和式（5-1-17）代入式（5-1-19）即

得 $\Pi_{Sj}^{\bar{S}\bar{S}*}$ 。

供应商 i 利润为

$$\Pi_{Si}^{\bar{S}\bar{S}}(w) = u_i(w_i - c_i)。 \tag{5-1-20}$$

将式（15-1-16）、式（5-1-18）和 $w_j^{\bar{M}\bar{M}} = (1 - x_j)p_j$ 代入式（5-1-20）
即得 $\Pi_{Si}^{\bar{S}\bar{S}*}$ 。

（3）$\overline{SS}$ 模式下的均衡解

供应商和生鲜电商双方使用可追溯技术，意味着生鲜电商可以免费共享
供应商应用在商品上的可追溯技术标签。因此，可以避免库存货物的错位和
损失，即所有库存都可以出售。在这种情况下，生鲜电商的利润为

$$\Pi_R^{\overline{SS}}(p) = \sum_{i=1}^{2}(u_ip_i - w_iu_i)。 \tag{5-1-21}$$

设在生鲜电商谈判能力为 x 的情形下，得出批发价格 w 关于 x 的关系为

$$w_i^{\overline{SS}} = (1 - x_i)p_i, i = 1,2。 \tag{5-1-22}$$

同样，分别对 $\overline{p}_i$ 一阶求导，二阶求导小于零，由此可得

$$p_i^{\overline{SS}*} = \frac{Q_0 + \beta\vartheta_i}{(1 + x_i)\alpha}, i = 1,2; \tag{5-1-23}$$

$$w_i^{\overline{SS}*} = \frac{(1 - x_i)(Q_0 + \beta\vartheta_i)}{(1 + x_i)\alpha}, i = 1,2; \tag{5-1-24}$$

$$u_i^{\overline{SS}*} = (Q_0 + \beta\vartheta_i)\left[1 - \frac{\alpha + k}{(1 + x_i)\alpha} + \frac{k}{(1 + x_i)\alpha}\right], i = 1,2, j = 3 - i。 \tag{5-1-25}$$

生鲜电商利润为

$$\Pi_R^{\overline{SS}*} = \sum_{i=1}^{2}\frac{x_i(Q_0 + \beta\vartheta_i)^2}{(1 + x_i)\alpha}\left[1 - \frac{\alpha + k}{(1 + x_i)\alpha} + \frac{k}{(1 + x_j)\alpha}\right], i = 1,2, j = 3 - i。 \tag{5-1-26}$$

供应商利润为

$$\begin{aligned}\Pi_{Si}^{\overline{SS}}(w) &= u_i(w_i - c_i - t)\\ &= (Q_0 + \beta\vartheta_i)\left[1 - \frac{\alpha + k}{(1 + x_i)\alpha} + \frac{k}{(1 + x_j)\alpha}\right]\times\\ &\left[\frac{(1 - x_i)(Q_0 + \beta\vartheta_i)}{(1 + x_i)\alpha} - c_i - t\right], i = 1,2。\end{aligned} \tag{5-1-27}$$

5.1.4　不同模式下生鲜电商供应链决策对比分析

命题 5.1　双方均采用可追溯技术时，批发价格、销售价格与标签成本

之间并不存在显著关联，而是通过改变库存的可得性间接影响生鲜电商的利润，并能够对技术供应商所获得的利润带来直接影响。

证明：在 $\overline{SS}$ 模式中，

$$p_i^{\overline{SS}*} = \frac{(Q_0 + \beta\vartheta_i)}{(1+x)\alpha}, i = 1,2; \tag{5-1-28}$$

$$u_i^{\overline{SS}} = (Q_0 + \beta\vartheta_i)\left[1 - \frac{\alpha+k}{(1+x)\alpha} + \frac{k}{(1+x)\alpha}\right], i = 1,2, j = 3-i;$$
$$\tag{5-1-29}$$

$$w_i^{\overline{SS}*} = \frac{(1-x_i)(Q_0 + \beta\vartheta_i)}{(1+x_i)\alpha}, i = 1,2。 \tag{5-1-30}$$

p_i、u_i、w_i 的表达式与标签成本 t 无关，t 值与其数值大小并不存在直接关联。在引入可追溯技术的情况下，库存可利用率设为 1，而 $\Pi_{Si}^{\overline{SS}}(w) = u_i(w_i - c_i - t), i = 1,2$。从此表达式可看出，$t$ 值大小影响供应商的利润，t 值与供应商所能够获得的利润呈现出负相关关系。同理，其他模式下也可得到相同结论。

命题 5.2 $\overline{SS}$ 模式中供应商 j 愿意投资可追溯技术的标签成本阈值为
$$t_1 = \langle (\alpha+k)H + (1-x_j)\{p_j^{\overline{SS}}[(Q_0 + \beta\vartheta_j) + kp_i^{SS}] -$$
$$p_j^{SS}[(Q_0 + \beta\vartheta_j) + kp_i^{\overline{SS}}]\} + kc_j(p_i^{SS} - p_i^{\overline{SS}})\rangle /$$
$$[(Q_0 + \beta\vartheta_i) - (\alpha+k)p_j^{\overline{SS}} + kp_j^{SS}]。 \tag{5-1-31}$$

其中，$H = p_j^{\overline{SS}}[c_j - (1-x_j)p_j^{\overline{SS}}] - p_j^{SS}[c_j - (1-x_j)p_j^{SS}], i = 1,2, j = 3-i$。

$\overline{SS}$ 模式中供应商 i 愿意投资可追溯技术的标签成本阈值为

$$t_2 = -\frac{\alpha c_i(x_i+1) + (Q_0 + \beta\vartheta_i) + (x_i-1)}{\alpha(x_i+1)} -$$
$$\frac{\alpha(x_i+1)(x_j+1)[\alpha c_i + (x_i-1)A][k(A-B) - \alpha(Q_0 + \beta\vartheta_i) + \alpha A]}{\alpha(Q_0 + \beta\vartheta_i)[x_i(\alpha+k) + x_j(\alpha x_i - k)]}。$$
$$\tag{5-1-32}$$

其中，

$$A = \frac{\alpha\lambda s_i - (Q_0 + \beta\vartheta_i)(1-\lambda-\varphi)}{2\lambda + 2\varphi - x_i - 1}; \tag{5-1-33}$$

$$B = \frac{\alpha\lambda s_j - (Q_0 + \beta\vartheta_j)(1-\lambda-\varphi)}{2\lambda + 2\varphi - x_j - 1}, i = 1,2, j = 3-i。 \tag{5-1-34}$$

证明：$\overline{SS}$ 模式中供应商 j 愿意投资可追溯技术的条件是 $\Delta\Pi^{\overline{SS}} = \Pi_{Sj}^{\overline{SS}} - \Pi_{Sj}^{SS} > 0$，将式（5-1-11）和式（5-1-19）代入 $\Delta\Pi^{\overline{SS}}$ 中，化简即得 t_1 的表达式。同理，$\overline{\overline{SS}}$ 模式中供应商 i 愿意投资可追溯技术的条件是 $\Delta\Pi^{\overline{\overline{SS}}} = \Pi_{Si}^{\overline{\overline{SS}}} - \Pi_{Si}^{SS} > 0$，将式（5-1-11）和式（5-1-27）代入 $\Delta\Pi^{\overline{\overline{SS}}}$ 中，化简即得 t_2 的表达式。

命题 5.3　在标签成本阈值内，就 $\overline{SS}$ 及 $\overline{\overline{SS}}$ 模式而言，供应商所能够获得的利润与标签成本呈现出正相关关系，但无论何种情况，均大于 SS 模式情形下相应的利润。

证明：就 $\overline{SS}$ 及 $\overline{\overline{SS}}$ 模式而言，从式（5-1-19）、式（5-1-27）的计算结果来看，供应商所能够获得的利润与标签成本呈现出负相关关系。通过对结论 5.2 进行分析能够发现，在标签成本阈值内，$\Delta\Pi^{\overline{SS}} = \Pi_{Sj}^{\overline{SS}} - \Pi_{Sj}^{SS} > 0$ 即 $\Pi_{Sj}^{\overline{SS}} > \Pi_{Sj}^{SS}$，$\Delta\Pi^{\overline{\overline{SS}}} = \Pi_{Si}^{\overline{\overline{SS}}} - \Pi_{Si}^{SS} > 0$ 即 $\Pi_{Si}^{\overline{\overline{SS}}} > \Pi_{Si}^{SS}$。基于此，对于供应商来说，可追溯技术的采用能够为其带来更高的利润。

命题 5.4　如果生鲜电商投资可追溯技术，生鲜电商的利润将会增加。当可追溯技术的初始成本过高时，生鲜电商可以利用与供应商的成本分摊或讨价还价范围来鼓励供应商采用该技术。

证明：随着生鲜电商借助供应商所采用的新技术来帮助他们解决库存不准确问题，他们的利润增长部分是由库存耗尽和错位造成的损失，即增加的利润为 $\Delta\Pi_R = (\lambda us + \varphi u)(p_i - w_i)$。而在引入新技术时，成本投入的所有承担者均为供应商，因此，如果投入新技术所需的成本过高，则生鲜电商及供应商可选择与生产商共同分担该成本，从而促进研发和技术水平的提升。假设生鲜电商在投资成本中的占比为 δ，则供应商和生产商所承担的比例分别为 $\dfrac{1-\delta}{2}$，此时供应商和生鲜电商的利润分别为

$$\Pi_R^{\overline{\overline{SS}}}(p) = \sum_{i=1}^{2}(u_i p_i - w_i u_i - \delta t_2); \tag{5-1-35}$$

$$\Pi_{Si}^{\overline{\overline{SS}}}(w) = u_i\left(w_i - c_i - \frac{1-\delta}{2}t_2\right)。 \tag{5-1-36}$$

5.1.5　混合契约下生鲜电商供应链的协调优化分析

为了使最优零售价格、最优保鲜努力程度和最优利润达到集中决策时的水平，可以制定这样的契约机制，使供应商愿意承担相应的成本使得产品保

持新鲜，同时生鲜电商也愿意把自己的利润部分与供应商共享。具体而言，在原来成本分担契约的基础上加入利润分担契约，形成混合契约机制。

保鲜成本共担契约和利润共享契约所构成的混合契约包括 3 个参数，第一个是产品的批发价格 w_3，第二个是成本共担系数 φ_1（$0 < \varphi_1 < 1$），第三个是供应商的利润共享系数 φ_2（$0 < \varphi_2 < 1$）。因此，生鲜电商的利润函数为

$$\begin{aligned}
\pi_{r3} &= (1 - \varphi_2)p_d Q_d - w_3 Q_3 - (1 - \varphi_1)c(\tau) \\
&= ((1 - \varphi_2)p_d - w_3)\int_0^T \delta\left\{1 - \alpha p_d + \beta\left[\theta_0 - (1 - k\tau_d)\eta_0\left(\frac{t}{T}\right)^{\frac{1}{2}}\right]\right\}\mathrm{d}t - \\
&\quad \frac{1}{2}(1 - \varphi_1)m\tau_d^2。
\end{aligned} \tag{5-1-37}$$

供应商的利润函数为

$$\begin{aligned}
\pi_{s3} &= \varphi_2 p_d Q_d + (w_3 - c)Q_d - \varphi_1 c(\tau) \\
&= (w_3 - c + \varphi_2 p_d)\int_0^T \delta\left\{1 - \alpha p_d + \beta\left[\theta_0 - (1 - k\tau_d)\eta_0\left(\frac{t}{T}\right)^{\frac{1}{2}}\right]\right\}\mathrm{d}t - \\
&\quad \frac{1}{2}\varphi_1 m\tau_d^2。
\end{aligned} \tag{5-1-38}$$

命题 5.5 如果混合契约（$\varphi_1, \varphi_2, w_3$）满足 $\varphi_1 = \varphi_2$，$w_3 = (1 - \varphi_2)c$ 和 $\dfrac{9\alpha m(9\alpha m - 2B_2)}{2(9\alpha m - B_2)^2} \leqslant \varphi_2 \leqslant 1 - \dfrac{(9\alpha m - 2B_2)^2}{4(9\alpha m - B_2)^2}$ 时，$\pi_{r3}^* + \pi_{s3}^* = \pi_c^*$，生鲜电商供应链的协调优化目标将得以达成。

证明： 令 $p_d^* = p_c^*$，即 $\dfrac{w_3}{2(1 - \varphi_2)} = \dfrac{c}{2}$。求解，可得 $w_3 = c(1 - \varphi_2)$。

同理，令 $\tau_d^* = \tau_c^*$，可得 $\dfrac{(1 - \varphi_2)p_d^* - w_3}{1 - \varphi_1} = p_c^* - c$，即 $(1 - \varphi_2)(p_d^* - c) = (1 - \varphi_1)(p_c^* - c)$，因此，$\varphi_1 = \varphi_2$。

将 $\varphi_1 = \varphi_2$，$w_3 = c(1 - \varphi_2)$，p_c^* 和 τ_c^* 代入式中，能够计算出生鲜电商所获得的最高利润为

$$\pi_{r3}^* = \frac{(1 - \varphi_2)\delta Tm(B_1 - 3\alpha c)^2}{4(9\alpha m - 2B_2)}。 \tag{5-1-39}$$

供应商的最优利润为

$$\pi_{s3}^* = \frac{\varphi_2 \delta Tm(B_1 - 3\alpha c)^2}{4(9\alpha m - 2B_2)}。 \tag{5-1-40}$$

对比上式，可得 $\dfrac{9\alpha m(9\alpha m - 2B_2)}{2(9\alpha m - B_2)^2} \leq \varphi_2 \leq 1 - \dfrac{(9\alpha m - 2B_2)^2}{4(9\alpha m - B_2)^2}$。

因此，在"保鲜成本共担 + 利润共享"契约背景下，供应链所能够获得的全部利润为

$$\pi_3^* = \pi_{r3}^* + \pi_{s3}^* = \frac{(1 - \varphi_2)\delta Tm(B_1 - 3\alpha c)^2}{4(9\alpha m - 2B_2)} + \frac{\varphi_2 \delta Tm(B_1 - 3\alpha c)^2}{4(9\alpha m - 2B_2)}$$

$$= \frac{\delta Tm(B_1 - 3\alpha c)^2}{4(9\alpha m - 2B_2)}。$$

$$(5-1-41)$$

通过对比分析可知，在引入该契约的情况下所获得的利润与集中决策情况下所获得的总利润保持一致，即 $\pi_{r3}^* + \pi_{s3}^* = \pi_c^*$。因此，采用由保鲜成本共担契约和利润共享契约所组成的混合契约来对生鲜电商供应链进行协调是合理且有意义的。

命题 5.6 对比保鲜成本共担契约和无契约情况下生鲜电商供应链的均衡解：（a）$\pi_{r3}^* \geqslant \pi_{r1}^*$，$\pi_{s3}^* \geqslant \pi_{s1}^*$；（b）$\pi_{r3}^* + \pi_{s3}^* = \pi_c^*$。

证明：（a）将引入"保鲜成本共担 + 利润共享"契约情况下生鲜电商所获得的利润与分散决策情况下所获得的利润进行对比分析，可发现

$$\pi_{r3}^* - \pi_{r1}^* = \frac{(1 - \varphi_1)\delta Tm(B_1 - 3\alpha c)^2}{4(9\alpha m - 2B_2)} - \frac{\delta Tm(9\alpha m - 2B_2)(B_1 - 3\alpha c)^2}{16(9\alpha m - B_2)^2}$$

$$= \delta Tm(B_1 - 3\alpha c)^2 \left[\frac{(1 - \varphi_1)}{4(9\alpha m - 2B_2)} - \frac{(9\alpha m - 2B_2)}{16(9\alpha m - B_2)^2} \right]。$$

$$(5-1-42)$$

由于 $\varphi_1 \in \left[\dfrac{9\alpha m(9\alpha m - 2B_2)}{2(9\alpha m - B_2)^2}, 1 - \dfrac{(9\alpha m - 2B_2)^2}{4(9\alpha m - B_2)^2} \right]$，$1 - \varphi_1 \geqslant \dfrac{(9\alpha m - 2B_2)^2}{4(9\alpha m - B_2)^2}$，

因此 $\pi_{r3}^* - \pi_{r1}^* \geqslant 0$。即在引入该契约的情况下所获得的利润明显高于分散决策情况下所获得的利润。

同理，

$$\pi_{s3}^* - \pi_{s1}^* = \frac{\varphi_2 \delta Tm(B_1 - 3\alpha c)^2}{4(9\alpha m - 2B_2)} - \frac{9\alpha \delta Tm(B_1 - 3\alpha c)^2}{8(9\alpha m - B_2)^2}$$

$$= \delta Tm(B_1 - 3\alpha c)^2 \left[\frac{\varphi_2}{4(9\alpha m - 2B_2)} - \frac{9\alpha}{8(9\alpha m - B_2)^2} \right]。$$

$$(5-1-43)$$

由于 $\varphi_2 \in \left[\dfrac{9\alpha m(9\alpha m - 2B_2)}{2(9\alpha m - B_2)^2}, 1 - \dfrac{(9\alpha m - 2B_2)^2}{4(9\alpha m - B_2)^2} \right]$，$\varphi_2 \geqslant \dfrac{9\alpha m(9\alpha m - 2B_2)}{2(9\alpha m - B_2)^2}$，

因此 $\pi_{s3}^* - \pi_{s1}^* \geqslant 0$。即在引入该契约的情况下所获得的利润明显高于分散决策情况下所获得的利润。

（b）将引入"保鲜成本共担 + 利润共享"契约情况下供应链所获得的利润与分散决策情况下所获得的利润进行对比分析，可发现

$$\pi_3^* = \pi_{r3}^* + \pi_{s3}^* = \frac{(1 - \varphi_2)\delta Tm(B_1 - 3\alpha c)^2}{4(9\alpha m - 2B_2)} + \frac{\varphi_2 \delta Tm(B_1 - 3\alpha c)^2}{4(9\alpha m - 2B_2)}$$

$$= \frac{\delta Tm(B_1 - 3\alpha c)^2}{4(9\alpha m - 2B_2)} \text{。} \tag{5-1-44}$$

因此，命题 5.6 得证。

由命题 5.6 可知，如果保鲜成本共担系数 φ_1 与利润共享系数 φ_2 相等，并且其取值范围为 $\left[\dfrac{9\alpha m(9\alpha m - 2B_2)}{2(9\alpha m - B_2)^2}, 1 - \dfrac{(9\alpha m - 2B_2)^2}{4(9\alpha m - B_2)^2} \right]$ 时，"保鲜成本共担 + 利润共享"契约能够对供应链带来显著的协调作用，从而确保供应商与生鲜电商利润的共同增加。命题 5.6 表明，通过比较发现，供应链各节点企业利润在"保鲜成本共担 + 利润共享"混合契约的情况下比单独成本共担契约的情况下更高，对于供应商及生鲜电商来说，"保鲜成本共担 + 利润共享"契约更易于接受。

从上述分析来看，如何将"保鲜成本共担 + 利润共享"契约运用于实践操作？首先，在供应商及生鲜电商完成契约 $(\varphi_1, \varphi_2, w_3)$ 签订的情况下，供应商应对生鲜电商的最优价格进行审视和观察，并通过 $w_3 = (1 - \varphi_2)c$ 这一公式来确定批发价格。从上述契约分析可知，就保鲜成本共担而言，供应商与生鲜电商的系数分别为 φ_1 与 $(1 - \varphi_1)$；供应商的利润共享系数为 φ_2，生鲜电商的利润共享系数为 $(1 - \varphi_2)$，其中 $\varphi_1 = \varphi_2$，其取值范围为 $\left[\dfrac{9\alpha m(9\alpha m - 2B_2)}{2(9\alpha m - B_2)^2}, 1 - \dfrac{(9\alpha m - 2B_2)^2}{4(9\alpha m - B_2)^2} \right]$。

命题 5.7 在运用"保鲜成本共担 + 利润共享"契约 $(\varphi_1, \varphi_2, w_3)$ 的情况下，利润共享系数 φ_2 对消费者对价格的敏感程度 α 具有负向影响，但对消费者对新鲜度的敏感程度 β 具有正向影响。

证明： 通过命题 5.7 中的 $\varphi_2 \in \left[\dfrac{9\alpha m(9\alpha m - 2B_2)}{2(9\alpha m - B_2)^2}, 1 - \dfrac{(9\alpha m - 2B_2)^2}{4(9\alpha m - B_2)^2} \right]$，

标记 $\varphi_2 \in [\varphi_{2\min}, \varphi_{2\max}]$。对利润共享系数 $\varphi_{2\min}$ 关于 α 求一阶导数，可得

$$\frac{\partial \varphi_{2\min}}{\partial \alpha} = \frac{9mB_2^2}{(9\alpha m - B_2)^3} > 0，即 \varphi_{2\min} 是 \alpha 的增函数；对利润共享系数 \varphi_{2\max} 关$$

于 α 求一阶导数，可得 $\dfrac{\partial \varphi_{2\max}}{\partial \alpha} = -\dfrac{9(9\alpha m - 2B_2)mB_2}{2(9\alpha m - B_2)^3} < 0$，即 $\varphi_{2\max}$ 是 α 的减

函数。因此，当 $\varphi_2 \in [\varphi_{2\min}, \varphi_{2\max}]$ 时，φ_2 随着 α 的增加而减小，即就供应商的利润共享系数而言，其对消费者对价格的敏感程度具有负向影响。通常情况下，α 的值越大，各利益主体对契约的接受程度越小，因此协调难度越高。

同理，$\dfrac{\partial \varphi_{2\min}}{\partial \beta} = -\dfrac{18\alpha mB_2^2}{\beta(9\alpha m - B_2)^3} < 0$，$\dfrac{\partial \varphi_{2\max}}{\partial \beta} = \dfrac{9\alpha m(9\alpha m - 2B_2)B_2}{\beta(9\alpha m - B_2)^3} > 0$。

因此，当 $\varphi_2 \in [\varphi_{2\min}, \varphi_{2\max}]$ 时，φ_2 随着 β 的增加而增加。这表明，就供应商的利润共享系数而言，其对消费者对新鲜度的敏感程度具有正向影响。通常情况下，β 的值越大，各利益主体对契约的接受程度越大，从而更容易实现供应链的协调目标。

从命题 5.6 及 5.7 不难看出，在确定活动系数的过程中，应确保条件的科学性和合理性，以保证供应商及生鲜电商均能够从中获取利润。消费者的不同偏好对生鲜电商供应链的利润有不同的影响，对供应链的协调也起着至关重要的作用。因此，从生鲜农产品供应链的角度来看，各节点企业应及时关注市场需求和消费者的实际偏好，做出合理的决策，提高供应链的利润，进而实现整个生鲜农产品供应链的协调与优化。

5.1.6　算例分析

该部分主要对"保鲜成本分担 + 利润共享"契约的具体运用及其在供应链协调过程中的作用和影响进行深入剖析。为了对上述结论进行进一步验证，本部分以具体的产品为例进行算例分析。这里假设标签成本为 t，设定其他参数的值如下：

$$c_1 = 30, c_2 = 30, Q_0 = 300, \alpha = 2, k = 1, x_1 = 0.3,$$

$$x_2 = 0.3, \lambda = 0.1, s_1 = 1, s_2 = 1, \vartheta_1 = 0.7, \vartheta_2 = 0.7。$$

（1）$\overline{SS}$ 及 $\overline{S}S$ 模式下投资可追溯技术的标签成本阈值

图 5.1.2 所示，横坐标为采用追溯技术的标签成本，纵坐标为 3 种不同情形下供应商的利润差。

从图 5.1.2 中可以得出，在 $\overline{SS}$ 模式中，对于供应商来说，其所能够接

受的投资可追溯技术的标签成本阈值 $t_c^{\overline{SS}} = 27.2$ ，而在 $\overline{SS}$ 模式中，该阈值则为 $t_c^{\overline{SS}} = 20.2$ ，$t_c^{\overline{SS}} > t_c^{\overline{SS}}$ 。由此可知，对于供应商来说，其利润差值与标签成本呈现负相关关系。从整体来看，利润情况具体为 $\Delta\Pi_{S1}^{\overline{SS}} > \Delta\Pi_{Si}^{\overline{SS}} > \Delta\Pi_{S2}^{\overline{SS}}$ ，对于互为竞争关系的供应商来说，供应商 1 引入了新技术，采购者能够感受到新技术本身所具有的优势，因此对标签成本的承受能力越高。然而，当供应商 2 认识到新技术所带来的威胁并使用这种新技术后，其利润增加，供应商 1 的利润减少，标签的成本变得更低。

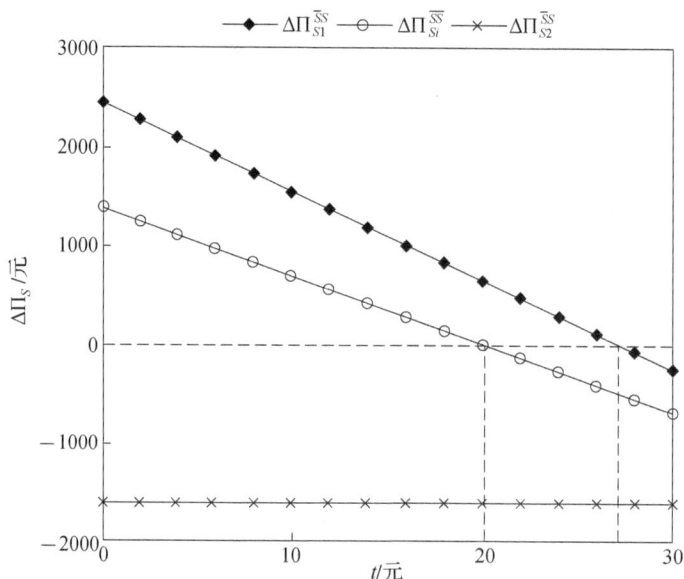

图 5.1.2　供应商利润差随标签成本变化

从图 5.1.3 中能够看出，在 3 种模式下，标签成本均不与生鲜电商利润存在直接关联，而对于生鲜电商而言，其能够获得的利润情况为 $\Pi_R^{\overline{SS}} > \Pi_R^{\overline{SS}} > \Pi_R^{SS}$ 。由此能够看出，如果供应商引入可追溯技术，则生鲜电商能够受到溢出效应的影响。而对于供应商来说，其所能够承受的标签成本具有一定的上限，因此，可充分利用成本分担契约来对各方利益进行合理协调，鼓励供应商采用新技术。

（2）3 种模式下的利润值

假设标签成本小于临界值（本部分将该值设定为 5），对不同模式中的利润进行计算，具体结果如表 5.1.2 所示。

表 5.1.2　3 种模式下对应的利润值情况

	SS 模式		$\overline{S}S$ 模式		$\overline{SS}$ 模式	
	$i = 1$	$i = 2$	$i = 1$	$i = 2$	$i = 1$	$i = 2$
w_i	93.4	93.4	80.8	95.1	80.7	80.7
p_i	133.4	133.4	115.4	135.9	115.5	115.5
u_i	33.6	33.6	90.3	8.0	69.3	69.3
Π_{Si}	2128.7	2128.7	4583.2	521.7	3525.4	3525.4
Π_R	902.9		3258.1		4804.1	
Π_{SC}	5160		8363		11 855	

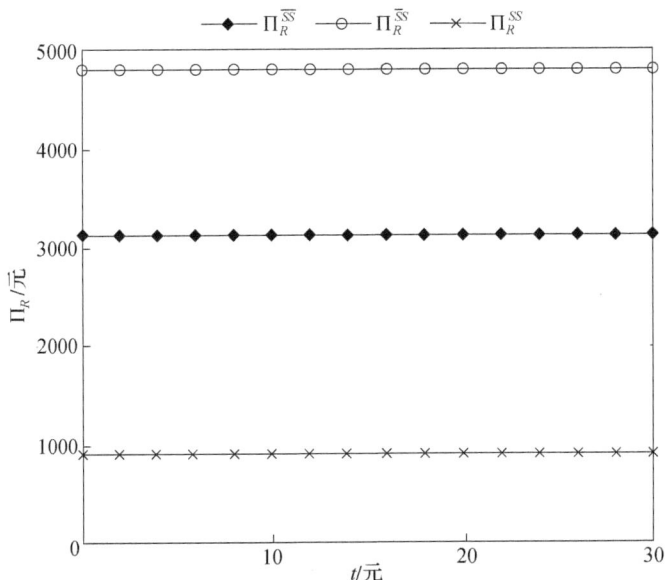

图 5.1.3　生鲜电商利润随标签成本变化

从表 5.1.2 中可以得出，从 SS 模式到 $\overline{SS}$ 模式，生鲜电商所能够获取的利润及供应链的整体利润处于逐步上升趋势，除此之外，与未采用可追溯技术的一方相比，采用该技术的一方能够获取更大的利润。就 $\overline{S}S$ 模式而言，供应商 1 在引入了新技术后，竞争优势立刻得到了提升，且投资可追溯技术的供应链利润明显高于不投资该技术的利润。但从另一层面来看，随着该技术的逐步普及，供应商 2 在市场需求的推动下也引入了该技术，同时也取得了较好的利润。虽然与未进行新技术投资时的情况相比，销售价格及批发价格均处于较低水平，但需求量得到了显著提升，因此促进了生鲜电商利润的增加，从而对市场活动的开展带来了积极影响，提高了供应链的整体效率。

（3）生鲜电商的讨价还价能力对标签成本阈值的影响

在 SS 模式中，假设 $x_1 = 0.3, x_2 = 0.3$，并通过计算得出供应商及生鲜电商各自能够获得的利润。图 5.1.4 主要显示了在 $\overline{SS}$ 模式与 SS 模式中，生鲜电商的讨价还价能力与其利润差值之间的具体关系。通过分析可知，在 $\overline{SS}$ 模式中，对于生鲜电商而言，无论是否进行谈判，其能够获得的利润均能够有所提升。从这一层面来看，新技术的引入能够对生鲜电商带来积极影响，因此，对于生鲜电商来说，应采取有效措施来支持新技术的应用。

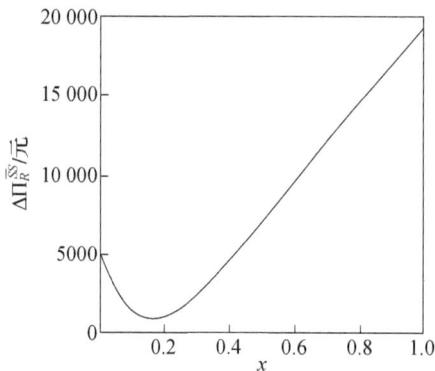

图 5.1.4　生鲜电商利润差随讨价还价能力变化的情况

图 5.1.5 给出了供应商 1 的利润差值随标签成本及讨价还价能力变化的情况。随着生鲜电商讨价还价能力的增大，生鲜电商的利润差值呈现先降低后升高的趋势，在此过程中出现利润差值最小的点，即投资与不投资可追溯技术生鲜电商的利润差值不大，随后，投资追溯技术可使生鲜电商获得较高的利润。因此，在采用新技术的早期阶段，供应商需要承担的成本太大，所以供应商可以与生鲜电商协商，给其一个小的折扣，或者生鲜电商可以积极地与供应商协调，鼓励供应商采用新技术。

从图 5.1.5 中可以看出，$\overline{SS}$ 模式与 SS 模式下供应商的利润差值与讨价还价能力和可追溯技术的标签成本两个因素有关，两个平面的相交线是至关

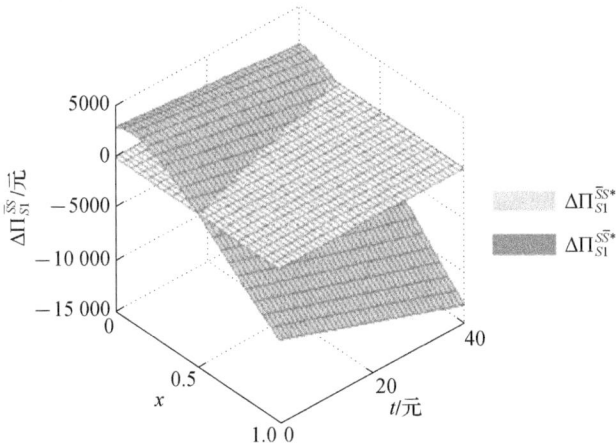

图 5.1.5　供应商 1 利润差随讨价还价能力和标签成本变化的情况

重要的。随着可追溯技术标签成本的增加，利润差值逐渐降低；随着讨价还价能力的增加，利润差值会出现先增加后降低的趋势。

　　从图 5.1.6 中可以看出，生鲜电商的利润差值总是大于或等于零。因此，生鲜电商总是通过采用新技术来获得利润，并且利润随着讨价还价能力的提高而增加。然而，对于生鲜电商而言，可采取降低贴现率的措施来与供应商进行成本共担，以激励供应商不断引入新技术，最终达到双方共赢的目的。

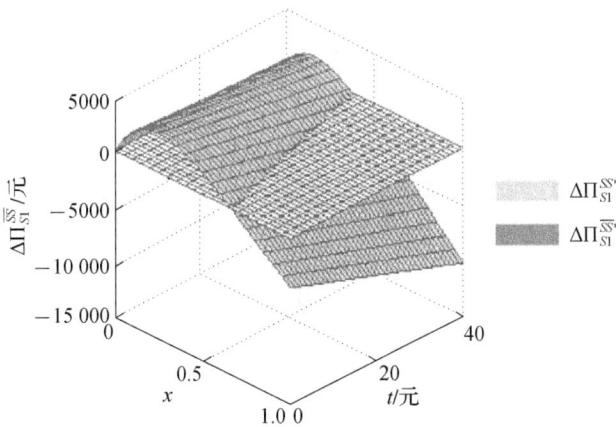

图 5.1.6　供应商 1 利润差随讨价还价能力和标签成本变化的情况

从图 5.1.7 中可以看出，供应商和生鲜电商均采用可追溯技术的情况下，生鲜电商的利润差值总是大于或等于零。因此，生鲜电商总是通过采用新技术来获得利润，并且利润差值随着讨价还价能力的提高而增加。对于生鲜电商而言，可采取降低贴现率的措施来与供应商进行成本共担，以激励供应商不断引入新技术，最终达到双方共赢的目的。

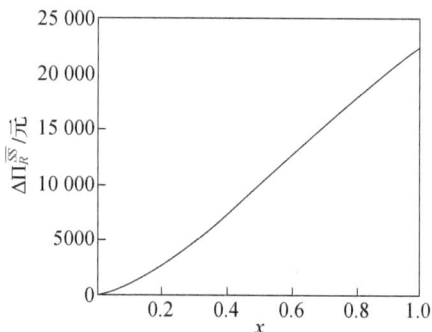

图 5.1.7　生鲜电商利润随讨价还价能力变化的情况

（4）损耗率、错放率对生鲜电商期望利润的影响

从图 5.1.8 中不难看出，在其他因素保持不变的情况下，如果错放率及损耗率均处于极低水平（如均是 0.05），生鲜电商的利润情况是 $\Pi_R^{SS} < \Pi_R^{\overline{SS}}$

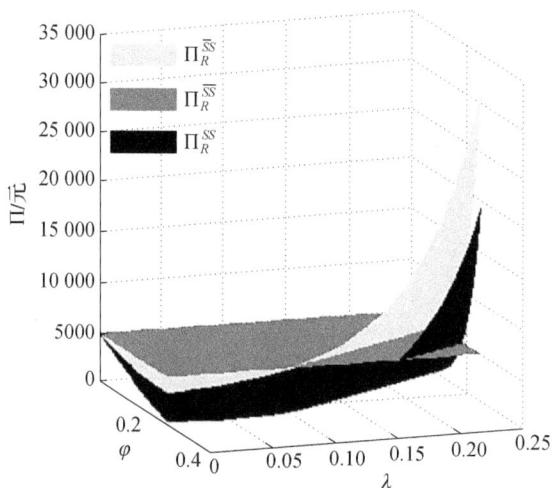

图 5.1.8　生鲜电商利润随损耗率和错放率变化的情况

$< \Pi_R^{\overline{SS}}$；如果错放率及损耗率均处于较高水平（如均是 0.15），则利润情况是 $\Pi_R^{SS} < \Pi_R^{\overline{SS}} < \Pi_R^{\overline{SS}}$；如果错放率及损耗率均处于极高水平（如均是 0.25），则利润情况是 $\Pi_R^{\overline{SS}} < \Pi_R^{SS} < \Pi_R^{\overline{SS}}$。因此，生鲜电商可采取以下策略。

如果库存的准确性较高，则供应商必须发挥可追溯技术的作用，来确保利润水平达到最高。反之，如果库存的准确性较低，通常仅需单一的供应商利用可追溯技术来提高利润水平。在实际中，可以根据具体库存的准确程度来决策如何投资可追溯技术。

（5）讨价还价能力对供应商和生鲜电商利润的影响

将库存损耗率及错放率均设置为 0.1，并以此为基础探讨和分析生鲜电商的讨价还价能力与供应商及生鲜电商各自利润之间的关系。为了确保各利益主体所获得的利润均为正值，将讨价还价能力设置为 0.4～0.6，具体研究结果如图 5.1.9 所示。

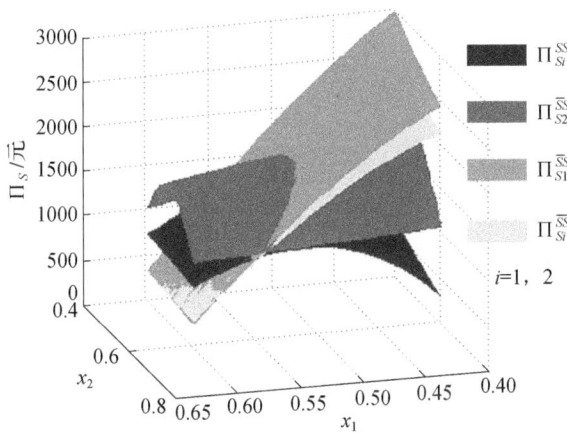

图 5.1.9　供应商利润随讨价还价能力变化的情况

从图 5.1.9 中可以看出，$\overline{SS}$ 模式中均采用可追溯技术的供应商的利润和 $\overline{SS}$ 模式中采用可追溯技术的供应商的利润均随着生鲜电商讨价还价能力的提高而降低；而 $\overline{SS}$ 模式中没有采用可追溯技术的供应商 2 的利润随着生鲜电商 2 的讨价还价能力的提高先增加后减少，随着生鲜电商 1 的讨价还价能力的提高而降低。在 SS 模型中，供应商的利润随着相应生鲜电商讨价还价能力的提高先增加后减少，随着竞争性生鲜电商讨价还价能力的提高先增加后减少。

综上所述，没有采用可追溯技术的供应商的利润并不总是随着相应生鲜电商讨价还价能力的提高而降低。如果议价系数在一个合理的范围内，供应链双方的利益就可以实现双赢。

从图 5.1.10 中可以看出，生鲜电商的利润总是随着讨价还价能力的提高而增加，而且生鲜电商利润总是 $\Pi_R^{SS} < \Pi_R^{\overline{S}S} < \Pi_R^{\overline{SS}}$，这也很容易理解，供应商使用可追溯技术，生鲜电商可以免费分享，以帮助他们解决库存浪费和错位问题。

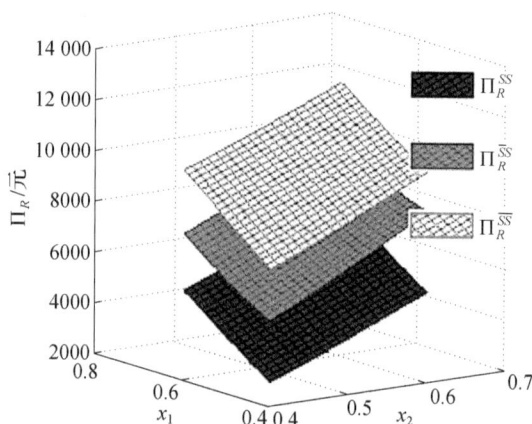

图 5.1.10　生鲜电商利润随讨价还价能力变化的情况

综上所述，就保鲜努力而言，"保鲜成本分担 + 利益共享"契约能够最大限度地提高供应链各主体的保鲜努力水平，从而对供应商及生鲜电商利润水平的提升带来积极影响。这就验证了供应商和生鲜电商更倾向于采用混合契约，并且考虑到保鲜努力的程度，更倾向于与供应链中的成员进行合作的原因。

5.1.7　本节小结

本节考虑引入了消费者效用函数，将产品保鲜努力程度、消费者对于价格的敏感性、产品新鲜度的感知纳入关键影响因素范围之内，并以此为基础对生鲜电商供应链博弈模型进行构建。采用博弈理论对模型进行研究和分析，并通过引入算例来对研究结果进行定量分析。经过分析探讨得出以下结论。

①混合契约能够对供应链的协调优化带来正向影响。在此情况下，供应

链各主体为了实现保鲜所做出的努力均达到了最优，同时零售价格、总利润等均达到了最高水平。因此，生鲜电商整个供应链得到了优化。

②如果消费者对生鲜农产品的销售价格有更大的偏好，生鲜电商供应链中的供应商和生鲜电商就不太愿意接受混合契约，从而使得供应链难以协调。如果消费者对生鲜农产品的新鲜度有更大的偏好，生鲜电商供应链中的供应商和生鲜电商就更愿意接受混合契约，那么供应链协调的目标则更容易达成。从另一方面来看，如果消费者对新鲜度给予更高的关注，在分散决策情况下，则生鲜电商更倾向于加大对产品保鲜的投入，并提高产品的销售价格；而在集中决策情况下，供应链体系也能够有效促进保鲜水平的提升。

③从整体来看，就保鲜努力程度而言，集中决策的结果优于分散决策的结果，然而，前者的销售价格低于后者。因此，从生鲜农产品来看，消费者的效用能够得到持续且显著的提升。

④生鲜电商供应链利润与消费者对产品新鲜度的感知呈现出正相关关系，而与消费者对价格的敏感性呈现出负相关关系。

5.2　合作型生鲜电商供应链契约协调优化研究

5.2.1　问题的提出

我国生鲜电商供应链的各组成主体在经济上均具有独立性，不同的主体具有不同的经营目标、组织架构、决策机制等，以实现自身利益的最大化或者成本最小化为目标。然而，主体自身利益的最大化并不等同于整体利润的最优化，甚至还会造成整体绩效大打折扣的问题。通过对生鲜电商供应链各相关企业进行研究，发现"一对多"供应链较为普遍。通常情况下，供应链结构能够对合作模式带来直接的作用和影响，因此，不同的供应链结构通常采用不同的合作方式。在生鲜电商供应链中，各利益主体通常面临着提高服务水平、降低损耗率等方面的压力，因此，以供应链为切入点对整体绩效进行优化和完善，能够取得更显著的效果。

关于生鲜电商供应链的研究，部分学者引入了契约机制，并对各利益主体之间的博弈关系进行了多层次探讨。然而，就当前现存的理论研究成果来看，绝大多数学者在开展研究时均以单一供应商和单一生鲜电商为基础来构建"一对一"管理架构，能够将契约协调问题纳入考虑范围之内。除此之外，虽然也有部分学者针对契约协调问题进行了探讨和分析，但在研究时也大多以普通产品为研究对象，并未将生鲜农产品的季节性、易腐性等因素纳入考虑范围之内。多个生鲜电商能够共同合作开展联合采购模式，通过订购量的增加来达到降低采购成本的目的，即"一对多"采购契约机制。

基于此，本部分分析了由单一供应商和多个生鲜电商组成的合作型生鲜电商供应链，以及生鲜电商在没有契约协调的情况下独立采购、生鲜电商在有契约协调的情况下独立采购、生鲜电商无契约协调的联合采购和生鲜电商有契约协调的联合采购。深入剖析了各利益主体的最优决策与整体协调性之间的具体关系，并对联合采购模式中的利润分配问题进行探讨和分析，最后，得出了一些有意义的结论。

5.2.2　问题描述及参数说明

在本部分中，考虑由一个供应商和 n 个生鲜电商共同构成的供应链系统的协调优化问题。在博弈模型中，生鲜电商表示为 $N = \{1,2,\cdots,n\}$，N 表示生鲜电商的联盟集合。通常情况下，生鲜电商从供应商处购买商品，最终到达消费者手中。因此，供应商能够决定批发价格，而生鲜电商能够决定订购周期。

根据后续研究需要，本部分提出以下假设：

①供应商是领导者，生鲜电商是跟随者；

②销售周期结束时未售出的生鲜农产品残值为零；

③在订货周期结束时，供应商的库存为零；

④产品需求率是固定的；

⑤零交货期，不允许缺货。

本部分的参数说明如下：

K_s：供应商的固定订货成本；K_r：生鲜电商的固定订货成本；D_i：单周期内生鲜电商 i 的需求率；h_i：单位产品的库存持有成本；$I(t)$：在时刻 t 产品的库存水平；θ：生鲜农产品的损耗率；p：单位产品的零售价格；c：单位产品的成本；Q_i：生鲜电商 i 的订购量；$x_i(\alpha)$：生鲜电商 i 的利润分配额；π_s：供应商的利润；π_{ri}：生鲜电商 i 的利润；α：单位产品生鲜电商的采购价格；T_i：生鲜电商 i 的订货周期。

基于问题描述的相关分析，生鲜农产品在 t 时刻的库存水平 $I(t)$ 需要满足下面的式子

$$\frac{\mathrm{d}I_i(t)}{\mathrm{d}t} = -\theta I_i(t) - D_i, 0 \leqslant t \leqslant T_i。 \tag{5-2-1}$$

由于边界条件 $I_i(T_i) = 0$ ，其中 T_i 是生鲜电商 i 的订货周期，式 (5-2-1) 的解为

$$I_i(t) = \frac{D_i}{\theta}(e^{\theta(T_i-t)} - 1), 0 \leqslant t \leqslant T_i。 \tag{5-2-2}$$

5.2.3　合作型生鲜电商供应链的协调优化分析

当多个生鲜电商联合采购时，订单数量的增加使供应商提供更低的采购价格，从而获得更多的利润。从供应商的角度来看，生鲜电商也可以通过增加订单数量来增加利润。在本部分中，令 N 表示总的生鲜电商集合，n 表示总的生鲜电商的数量，S 指的是采购联盟中的生鲜电商集合，s 表示采购联盟中的生鲜电商数量，j 指的是未加入采购联盟的生鲜电商数量，$j = N - S$。

（1）无契约情况下的协调研究

在未采用契约的情况下，用上标 w 和下标 C 来表示，生鲜电商的订购量 T_C^w 通常由采购联盟 S 决定。因此，生鲜电商联盟 S 单位时间内的利润函数为

$$\pi_{Cr}^w(\alpha_0, T_C^w) = \sum_{i=1}^s p_i D_i - \frac{K_r}{T_C^w} - \sum_{i=1}^s h_i D_i \frac{e^{\theta T_C^w} - \theta T_C^w - 1}{\theta^2 T_C^w} - \sum_{i=1}^s \alpha_0 D_i \frac{e^{\theta T_C^w} - 1}{\theta T_C^w}。 \tag{5-2-3}$$

上式可以简化为

$$\pi_{Cr}^w(\alpha_0, T_C^w) = \sum_{i=1}^s (p_i - \alpha_0) D_i - \frac{K_r}{T_C^w} - \sum_{i=1}^s \frac{T_C^w}{2}(h_i + \alpha_0\theta) D_i。 \tag{5-2-4}$$

对于任意给定的 α_0 ，对生鲜电商联盟 S 的利润函数关于 T_C^w 求一阶导数，令其等于 0，可得 $\dfrac{\mathrm{d}\pi_{Cr}^w(\alpha_0, T_C^w)}{\mathrm{d}T_C^w} = \dfrac{K_r}{(T_C^w)^2} - \dfrac{1}{2}\sum_{i=1}^s (h_i + \alpha_0\theta) D_i = 0$ 。对生鲜电商联盟 S 的利润函数关于 T_C^w 求二阶导数，可得 $\dfrac{\mathrm{d}^2\pi_{Cr}^w(\alpha_0, T_C^w)}{\mathrm{d}(T_C^w)^2} = -\dfrac{2K_r}{(T_C^w)^3} < 0$ 。因此，生鲜农产品生鲜电商联盟 S 的利润函数是订货周期 T_C^w

的凹函数。所以，生鲜电商的最优订货周期为 $T_C^{w*} = \sqrt{\dfrac{2K_r}{\displaystyle\sum_{i=1}^{s}(h_i + \alpha_0\theta)D_i}}$。

通过计算可得采购联盟 S 的最优利润为

$$\pi_{Cr}^{w}(\alpha_0, T_C^{w*}) = \sum_{i=1}^{s}(p_i - \alpha_0)D_i - \sqrt{2K_r\sum_{i=1}^{s}(h_i + \alpha_0\theta)D_i}。$$

$$(5-2-5)$$

这时，一个新的问题出现了：当公式满足什么条件时，生鲜电商会加入或不退出采购联盟？为了回答这个问题，本部分引入凸对策，或者说合作对策。凸博弈是一种各方都平衡的博弈，可以通过利润函数 $v(\cdot)$ 来表示。因此，博弈和每个子博弈都是非空的，凸博弈实际上代表联合采购。在本部分的研究中，多个生鲜电商构成联盟 S 时，每个生鲜电商能够获得一定的利润分配，并且给每个生鲜电商分配的利润高于他们独立采购时获得的利润。这一举措能够为生鲜电商提供足够的动力，以激励其加入采购联盟。

为了验证 $(N, \pi_{Cr}^{w}(S))$ 是否是多个生鲜电商的凸博弈，本部分在研究中假定 R 是生鲜电商形成联盟时的数量，这里 $S \subset R \subseteq N - \{j\}$，得到了下面的引理。

引理 5.1 当 $(N, \pi_{Cr}^{w}(S))$ 是凸博弈时，生鲜电商会采取联合采购策略。

证明： 对于任何给定的 $S \subset R \subseteq N - \{j\}$，从式中可以得到

$\pi(S \cup \{j\}) - \pi(S)$

$$= (p_j - \alpha_0)D_j - \frac{2K_r(h_j + \alpha_0\theta)D_j}{\sqrt{2K_r\sum_{i \in S \cup \{j\}}(h_i + \alpha_0\theta)D_i} + \sqrt{2K_r\sum_{i=1}^{s}(h_i + \alpha_0\theta)D_i}}$$

$$\leqslant (p_j - \alpha_0)D_j - \frac{2K_r(h_j + \alpha_0\theta)D_j}{\sqrt{2K_r\sum_{i \in R \cup \{j\}}(h_i + \alpha_0\theta)D_i} + \sqrt{2K_r\sum_{i=1}^{r}(h_i + \alpha_0\theta)D_i}}$$

$$= \pi(R \cup \{j\}) - \pi(R)。$$

因此，$(N, \pi_{Cr}^{w}(S))$ 是凸博弈，此时生鲜电商将会采取合作博弈策略。从引理 5.1 能够看出，联合采购策略具有明显效用。

为了弄清楚生鲜电商联盟 S 的利润是怎么被合理分配的，令 x_i 表示生鲜电商 i 被分配的利润。如果 x_i 满足下列条件，则生鲜电商更倾向于引入合作策略：①有效性。生鲜电商联盟 S 所获得的总利润会被完全分配，$\displaystyle\sum_{i=1}^{s}x_i =$

$\pi_{Cr}^w(S)$ 。②稳定性。当 $x_i \geqslant \pi_{Dri}^{cw}$ 时，所有生鲜电商均能够受到足够的激励以加入采购联盟。

令 $x_i = (p_i - \alpha_0)D_i - (h_i + \alpha_0\theta)D_iT_C^w$，如果生鲜电商形成一个大联盟 S，

$$\sum_{i=1}^{s} x_i = \pi_{Cr}^w(S)，那么可以得到最优订货周期 T_C^{w*} = \sqrt{\frac{2K_r}{\sum\limits_{i=1}^{s}(h_i + \alpha_0\theta)D_i}}，$$

生鲜农产品供应商的利润为 $\pi_{Cs}^w(\alpha_0, T_C^{w*}) = \sum\limits_{i=1}^{s}(\alpha_0 - c)D_i - \dfrac{K_s}{T_C^{w*}}$。就生鲜电商的利润而言，将联合采购与独立采购进行对比能够得出 $x_i - \pi_{Dri}^{cw} =$

$$\sqrt{2K_r(h_i + \alpha_0\theta)D_i} - (h_i + \alpha_0\theta)\sqrt{\frac{2K_r}{\sum\limits_{i=1}^{n}(h_i + \alpha_0\theta)D_i}}，\ 由于 \ \frac{(h_i + \alpha_0\theta)D_i}{\sum\limits_{i=1}^{n}(h_i + \alpha_0\theta)D_i}$$

< 1，所以 $x_i - \pi_{Dri}^{cw} < 0$。

通过以上分析可以看出，生鲜电商联盟的利润能够得到合理分配，因此生鲜电商采取联合采购策略具有现实意义。

推论 5.1　联合采购优于独立采购，可以提高供应商和生鲜电商的利润。

证明： 由于 $\sqrt{\sum\limits_{i=1}^{n}(h_i + \alpha_0\theta)D_i} \leqslant \sum\limits_{i=1}^{n}\sqrt{(h_i + \alpha_0\theta)D_i}$，因此可以得到

$T_C^{w*} \geqslant \sum\limits_{i=1}^{n} T_{Di}^{w*}$。那么，$\sum\limits_{i=1}^{n}(p_i - \alpha_0)D_i - \sqrt{2K_r\sum\limits_{i=1}^{n}(h_i + \alpha_0\theta)D_i} \geqslant \sum\limits_{i=1}^{n}(p_i - $

$\alpha_0)D_i - \sum\limits_{i=1}^{n}\sqrt{2K_r(h_i + \alpha_0\theta)D_i}$，即 $\pi_{Cr}^w(\alpha_0, T_C^{w*}) \geqslant \sum\limits_{i=1}^{n}\pi_{Dri}^w(\alpha_0, T_{Di}^{w*})$。

同理，$\sum\limits_{i=1}^{n}(\alpha_0 - c)D_i - \dfrac{K_s}{T_C^{w*}} > \sum\limits_{i=1}^{n}(\alpha_0 - c)D_i - \dfrac{K_s}{\sum\limits_{i=1}^{n} T_{Di}^{w*}}$，即 $\pi_{Cs}^w(\alpha_0,$

$T_C^{w*}) \geqslant \pi_{Ds}^w(\alpha_0, T_D^{w*})$。

从分析结果来看，相比而言，联合采购在提高供应链各主体利润水平方面具有重要的作用和优势，因此能够对采购联盟利润的提升带来促进作用。

（2）针对以数量折扣契约为基础的供应链协调进行研究

如果联合采购方式能够有效提升供应商的经济效益，则供应商更倾向于通过数量折扣契约来增加生鲜电商的订购量，从而促进自身利润率的提升。通过签订数量折扣协议，生鲜电商的采购成本将能够得到有效降低，有利于

双方合作的推进。因此，在采用数量折扣契约的情况下，分别使用上标和下标 cw、C 进行表示，并得出如下公式：

$$\max \pi_{Cs}^{cw}(\alpha_C^{cw}, T_C^{cw}) = \sum_{i=1}^{n}(\alpha_C^{cw} - c)D_i - \frac{K_s}{T_C^{cw}}; \quad (5\text{-}2\text{-}6)$$

$$\text{s. t. } \pi_{Cr}^{cw}(\alpha_C^{cw}, T_C^{cw}) \geqslant \pi_{Cr}^{w}(\alpha_0, T_C^{w*})_{\circ} \quad (5\text{-}2\text{-}7)$$

对约束条件进行求解，因此得出采购价格为

$$\alpha_C^{cw} = \left(\sum_{i=1}^{n}\alpha_0 D_i + \frac{K_r}{T_C^{w*}} + \sum_{i=1}^{n}\frac{T_C^{w*}}{2}(h_i + \alpha_0\theta)D_i - \frac{K_r}{T_C^{cw}} - \sum_{i=1}^{n}\frac{h_i D_i T_C^{cw}}{2} \right) \Bigg/$$

$$\left(1 + \frac{\theta T_C^{cw}}{2} \right)\sum_{i=1}^{n}D_i{}_{\circ}$$

$$(5\text{-}2\text{-}8)$$

将采购价格 α_C^{cw} 代入 $\pi_{Cs}^{cw}(\alpha_C^{cw}, T_C^{cw})$，供应商的最优利润为

$$\pi_{Cs}^{cw*}(T_C^{cw}) = \frac{\sum_{i=1}^{n}\alpha_0 D_i + \dfrac{K_r}{T_C^{w*}} + \sum_{i=1}^{n}\dfrac{T_C^{w*}}{2}(h_i + \alpha_0\theta)D_i - \dfrac{K_r}{T_C^{cw}} - \sum_{i=1}^{n}\dfrac{h_i D_i T_C^{cw}}{2}}{1 + \dfrac{\theta T_C^{cw}}{2}} -$$

$$\frac{K_s}{T_C^{cw}} - \sum_{i=1}^{n}cD_i{}_{\circ}$$

$$(5\text{-}2\text{-}9)$$

对供应商的利润关于订货周期 T_C^{cw} 求导，可得

$$\frac{\mathrm{d}\pi_{Cs}^{cw*}(T_C^{cw})}{\mathrm{d}T_C^{cw}} = \frac{-B(T_C^{cw})^2 + (K_s + K_r)\theta T_C^{cw} + K_s + K_r}{\left(1 + \dfrac{\theta T_C^{cw}}{2}\right)^2 (T_C^{cw})^2}_{\circ} \quad (5\text{-}2\text{-}10)$$

其中，$B = \displaystyle\sum_{i=1}^{n}\frac{D_i h_i}{2} + \frac{\theta}{2}\left(\sum_{i=1}^{n}\alpha_0 D_i + \frac{K_r}{T_C^{w*}} + \sum_{i=1}^{n}\frac{T_C^{w*}}{2}(h_i + \alpha_0\theta)D_i \right) - \dfrac{K_s\theta^2}{4}_{\circ}$

求解 $\dfrac{\mathrm{d}\pi_{Cs}^{cw*}(T_C^{cw})}{\mathrm{d}T_C^{cw}} = 0$，可以得到生鲜电商的订货周期为 $T_C^{cw*} = \dfrac{(K_s + K_r)\theta + \sqrt{(K_s + K_r)^2\theta^2 + 4B(K_s + K_r)}}{2B}$。由于

$$\frac{\mathrm{d}\pi_{Cs}^{cw*}(T_C^{cw})}{\mathrm{d}T_C^{cw}} = \begin{cases} > 0, 0 < T_C^{cw} < T_C^{cw*} \\ = 0, T_C^{cw} = T_C^{cw*} \\ < 0, T_C^{cw} > T_C^{cw*} \end{cases} \qquad (5-2-11)$$

从式（5-2-11）可以看出，$\pi_{Cs}^{cw*}(T_C^{cw})$ 是单峰函数，在 $T_C^{cw} = T_C^{cw*}$ 处存在极大值，所以 $T_C^{cw*} = \dfrac{(K_s + K_r)\theta + \sqrt{(K_s + K_r)^2\theta^2 + 4B(K_s + K_r)}}{2B}$ 为生鲜电商的最优订货周期。

定理 5.1　就联合采购模式而言，如果价格满足 $\alpha_C^{cw} = \begin{cases} \alpha_C^{cw*}, T_C^{cw} \geqslant T_C^{cw*} \\ \alpha_0, T_C^{cw} < T_C^{cw*} \end{cases}$，

其中 $\alpha_{\min}^{cw*} \leqslant \alpha_C^{cw*} \leqslant \alpha_{\max}^{cw*}$，$\alpha_{\min}^{cw*} = \left(\sum\limits_{i=1}^{n} \alpha_0 D_i - \dfrac{K_s}{T_C^{w}} + \dfrac{K_s}{T_C^{w*}} \right) \Big/ \sum\limits_{i=1}^{n} D_i$，$\alpha_{\max}^{cw*} =$

$\left(\sum\limits_{i=1}^{n} \alpha_0 D_i + \dfrac{K_r}{T_C^{w*}} + \sum\limits_{i=1}^{n} \dfrac{T_C^{w*}}{2}(h_i + \alpha_0\theta)D_i - \dfrac{K_r}{T_C^{cw*}} - \sum\limits_{i=1}^{n} \dfrac{h_i D_i T_C^{cw*}}{2} \right) \Big/ \sum\limits_{i=1}^{n} D_i \left(1 + \right.$

$\left. \dfrac{\theta T_C^{cw*}}{2} \right)$，就生鲜农产品的供应链而言，数量折扣契约 $(\alpha_C^{cw*}, T_C^{cw*})$ 能够对供应商及生鲜电商加以协调，同时也能确保单一供应商利润分配目标 $x_i(\alpha_C^{cw*}, T_C^{cw*})$ 的达成。

证明： 可得到采购联盟的利润系数为

$$\pi_{Cr}^{cw}(\alpha_C^{cw*}, T_C^{cw*}) = \sum_{i=1}^{n}(p_i - \alpha_C^{cw})D_i - \sqrt{2K_r \sum_{i=1}^{n}(h_i + \alpha_C^{cw}\theta)D_i}\ _\circ$$

对于任何给定的订货周期 T_C^{cw}，对利润函数 $\pi_{Cr}^{cw}(\alpha_C^{cw}, T_C^{cw})$ 关于采购价格求一阶导数，可以得到 $\dfrac{\mathrm{d}\pi_{Cr}^{cw}(\alpha_C^{cw}, T_C^{cw})}{\mathrm{d}\alpha_C^{cw}} = -D_i - \dfrac{\sum\limits_{i=1}^{n}\theta D_i}{2\sqrt{2K_r \sum\limits_{i=1}^{n}(h_i + \alpha_C^{cw}\theta)D_i}} <$

0。因此，$\pi_{Cr}^{cw}(\alpha_C^{cw}, T_C^{cw})$ 是关于 α_C^{cw} 的减函数。当 $\pi_{Cr}^{cw}(\alpha_C^{cw*}, T_C^{cw*}) \geqslant \pi_{Cr}^{cw}(\alpha_{\max}^{cw*}, T_C^{cw*})$ 时，可得 $\alpha_C^{cw*} \leqslant \alpha_{\max}^{cw*} = \min\limits_{i \in N}\alpha_C^{cw*}$。由式子的约束条件，可知在使用契约的情况下，生鲜电商 i 所获得的利润水平更高。

当 $\pi_{Cs}^{cw}(\alpha_C^{cw*}, T_C^{cw}) \geqslant \sum\limits_{i=1}^{n}(\alpha_0 - c)D_i - \dfrac{K_s}{T_C^{w*}}$ 时，也就是说在使用契约的情况下，供应商所获得的利润水平更高，即 $\alpha_C^{cw*} \geqslant \alpha_{\min}^{cw*} = \left(\sum\limits_{i=1}^{n}\alpha_0 D_i + \dfrac{K_r}{T_C^{w*}} + \right.$

$$\sum_{i=1}^{n} \frac{T_C^{w*}}{2}(h_i + \alpha_0\theta)D_i - \frac{K_r}{T_C^{cw*}} - \sum_{i=1}^{n} \frac{h_i D_i T_C^{cw*}}{2} \Bigg/ \sum_{i=1}^{n} D_i\left(1 + \frac{\theta T_C^{cw*}}{2}\right)\,。$$

对于任意可行的数量折扣契约（$\alpha_C^{cw*}, T_C^{cw*}$），就采购联盟而言，各生鲜电商利润的合理性在联盟的稳定性和延续性方面发挥着不容忽视的作用。通常情况下，最优的订货周期 T_C^{cw*} 为 $T_C^{w*}(\alpha_C^{cw*})$，当且仅当 $\alpha_C^{cw*} \in [\alpha_{\min}^{cw*},$ $\alpha_{\max}^{cw*}]$，可以得出 $T_C^{w*}(\alpha_C^{cw*}) = \sqrt{\dfrac{2K_r}{\sum_{i=1}^{n}(h_i + \alpha_C^{cw*}\theta)D_i}}$。因此，生鲜电商的最优订货周期为

$$T_C^{cw*}(\alpha_C^{cw*}) = \sqrt{\frac{2K_r}{\sum_{i=1}^{n}(h_i + \alpha_C^{cw*}\theta)D_i}}\,。 \tag{5-2-12}$$

为了使生鲜电商的利润分配 $x_i(\alpha_C^{cw*}, T_C^{cw*})$ 满足有效性，令 $\sum_{i=1}^{n} x_i(\alpha_C^{cw*},$ $T_C^{cw*}) = \pi_{Cr}^{cw}(N)$，这里 $x_i(\alpha_C^{cw*}, T_C^{cw*}) = (p_i - \alpha_C^{cw*})D_i - (h_i + \alpha_C^{cw*}\theta)D_i T_C^{cw*}$。那么生鲜电商 i 的最优利润分配为

$$x_i(\alpha_C^{cw}) = (p_i - \alpha_C^{cw})D_i - (h_i + \alpha_C^{cw}\theta)D_i\sqrt{\frac{2K_r}{\sum_{i=1}^{n}(h_i + \alpha_C^{cw}\theta)D_i}}\,。$$

$$\tag{5-2-13}$$

因此，可得出定理 5.1。

从定理 5.1 不难看出，在存在约束条件的情况下，采购价格能够对信息共享带来积极影响，数量折扣能够对供应链的整体协调带来正向作用，即可以使整个供应链的利润最大化。此外，数量折扣契约可以保障供应商和生鲜电商双方的利润，即双方都可以获得比单独购买时更多的利润。

推论 5.2　在生鲜电商联合采购下，当 α_C^{cw*} 在区间 $[\alpha_{\min}^{cw*}, \alpha_{\max}^{cw*}]$ 上变动时，对于供应商与生鲜电商而言，其能够获得的利润与产品的损耗率之间存在着负相关关系。

证明：当 $\alpha_C^{cw*} \in [\alpha_{\min}^{cw*}, \alpha_{\max}^{cw*}]$ 时，供应商的利润为

$$\pi_{Cs}^{cw}(\alpha_C^{cw}, T_C^{cw}) = \sum_{i=1}^{n}(\alpha_C^{cw} - c)D_i - K_s\sqrt{\frac{\sum_{i=1}^{n}(h_i + \alpha_C^{cw})D_i}{2K_r}}\,。$$

$$\tag{5-2-14}$$

对供应商的利润关于损耗率 θ 求导，可得 $\dfrac{\mathrm{d}\pi_{Cs}^{cw}}{\mathrm{d}\theta} = -K_s \sum\limits_{i=1}^{n} \alpha_C^{cw} D_i \Big/$

$2\sqrt{\dfrac{\sum\limits_{i=1}^{n}(h_i + \alpha_C^{cw}\theta)D_i}{2K_r}} < 0$。从这一层面来看，当损耗率上升时，供应商能够获得的利润则持续下降。

对生鲜电商的利润关于损耗率 θ 求导，可得 $\dfrac{\mathrm{d}x_i}{\mathrm{d}\theta} = -\alpha_C^{cw} D_i T_C^{cw*} < 0$。因此生鲜电商 i 的利润与损耗率呈现负相关关系。

对生鲜电商的订货周期关于损耗率 θ 求导，可得 $\dfrac{\mathrm{d}T_C^{cw}}{\mathrm{d}\theta} = -\sqrt{2K_r \sum\limits_{i=1}^{n} \alpha_C^{cw} D_i} < 0$。因此，当产品的损耗率上升时，订货周期则出现明显缩短的现象。

所以，推论 5.2 得证。

从推论 5.2 可以看出，当 $\alpha_C^{cw*} \in [\alpha_{\min}^{cw*}, \alpha_{\max}^{cw*}]$ 时，生鲜电商在采购价格上获得一定折扣，供应商、生鲜电商与产品损耗率呈负相关关系，生鲜电商订单周期随着损耗率的增加逐渐缩短，为供应链协调工作的开展提供了一定的理论参考和依据。

5.2.4　考虑协调成本的生鲜电商供应链契约协调优化分析

就实际生产经营而言，如果生鲜电商形成采购联盟，则其成本结构会发生显著变化，同时，在协调的过程中还会产生时间等各类成本，因此，在这一部分将考虑生鲜电商供应链契约协调分析的协调成本。对于 $\forall S \subseteq N$，令 $c(N)$ 表示协调成本，通常情况下，协调成本需满足以下条件：① $c(\varnothing) = 0$；②对于任意给定的 $S \subseteq N$，$c(S) \leqslant c(N)$，$c(N)$ 随着联盟规模的增加而增加。同时，将协调成本的具体函数设置为 $c(N) = kN + b$，其中 N 表示联盟中生鲜电商的数量，k 指的是协调成本对生鲜电商数量的系数，b 表示常数。将协调成本纳入采购联盟的考虑范围之内，用上标 ew 和下标 C 来表示，由此，利润函数可表示为

$$\pi_{Cr}^{ew}(\alpha_0, T_C^{ew}) = \sum_{i=1}^{n} p_i D_i - \frac{K_r + kN + b}{T_C^{ew}} - \sum_{i=1}^{n} h_i D_i \frac{e^{\theta T_C^{ew}} - \theta T_C^{ew} - 1}{\theta^2 T_C^{ew}} -$$

$$\sum_{i=1}^{n} \alpha_0 D_i \frac{e^{\theta T_C^{ew}} - 1}{\theta T_C^{ew}}\text{。} \tag{5-2-15}$$

式（5-2-15）可以简化为

$$\pi_{Cr}^{ew}(\alpha_0, T_C^{ew}) = \sum_{i=1}^{n}(p_i - \alpha_0)D_i - \frac{K_r + kN + b}{T_C^{ew}} - \sum_{i=1}^{n}\frac{T_C^{ew}}{2}(h_i + \alpha_0\theta)D_i。$$

$$(5-2-16)$$

对于任意给定的 α_0，对生鲜电商联盟的利润关于订货周期 T_C^{ew} 求一阶导数，并令其等于 0，$\dfrac{\mathrm{d}\pi_{Cr}^{ew}(\alpha_0, T_C^{ew})}{\mathrm{d}T_C^{ew}} = \dfrac{K_r + kN + b}{(T_C^{ew})^2} - \dfrac{1}{2}\sum_{i=1}^{n}(h_i + \alpha_0\theta)D_i = 0$。对式子关于订货周期 T_C^{ew} 求二阶导数，可得 $\dfrac{\mathrm{d}^2\pi_{Cr}^{ew}(\alpha_0, T_C^{ew})}{\mathrm{d}T_C^{ew2}} = -\dfrac{2K_r + kN + b}{(T_C^{ew})^3} < 0$。由此可确定，对于采购联盟而言，最优订货周期为

$$T_C^{ew*} = \sqrt{\frac{2(K_r + kN + b)}{\sum_{i=1}^{n}(h_i + \alpha_0\theta)D_i}}。\qquad (5-2-17)$$

因此，在将协调成本纳入考虑范围内的前提下，采购联盟所能够获得的利润为

$$\pi_{Cr}^{ew}(\alpha_0, T_S^{ew*}) = \sum_{i=1}^{n}(p_i - \alpha_0)D_i - \sqrt{2(K_r + kN + b)\sum_{i=1}^{n}(h_i + \alpha_0\theta)D_i}。$$

$$(5-2-18)$$

那么供应商的利润为

$$\pi_{Cs}^{ew}(\alpha_0, T_N^{ew*}) = \sum_{i=1}^{n}(\alpha_0 - c)D_i - K_s\sqrt{\frac{\sum_{i=1}^{n}(h_i + \alpha_0\theta)D_i}{2(K_r + kN + b)}}。$$

$$(5-2-19)$$

定理 5.2 在将协调成本纳入考虑范围内的前提下，如果生鲜电商的数量满足 $N \in \left[0, \dfrac{K_r\sum_{i=1}^{n}(h_i + \alpha_0\theta)D_i}{k(h_i + \alpha_0\theta)D_i} - \dfrac{K_r + b}{k}\right]$ 这一条件，则采购联盟中所有生鲜电商所能够获得的利润均高于独立生鲜电商。

证明： 对于给定的 $\forall i \in N$，令

$$x_i^*(\alpha_0) = (p_i - \alpha_0)D_i - (h_i + \alpha_0\theta)D_i T_C^{ew*}。\qquad (5-2-20)$$

将式（5-2-17）代入式（5-2-20），可得

$$x_i^*(\alpha_0) = (p_i - \alpha_0)D_i - (h_i + \alpha_0\theta)D_i \sqrt{\frac{2(K_r + kN + b)}{\sum\limits_{i=1}^{n}(h_i + \alpha_0\theta)D_i}}。$$

$$(5\text{-}2\text{-}21)$$

令 $x_i^* \geqslant \pi_{Dri}^w$，即所有生鲜电商所能够获得的利润均高于采用数量折扣

契约下的利润，基于此，$(p_i - \alpha_0)D_i - (h_i + \alpha_0\theta)D_i \sqrt{\dfrac{2(K_r + kN + b)}{\sum\limits_{i=1}^{n}(h_i + \alpha_0\theta)D_i}} \geqslant$

$(p_i - \alpha_0)D_i - \sqrt{2K_r(h_i + \alpha_0\theta)D_i}$，可以得到 $0 \leqslant N \leqslant \dfrac{K_r \sum\limits_{i=1}^{n}(h_i + \alpha_0\theta)D_i}{k(h_i + \alpha_0\theta)D_i} -$

$\dfrac{K_r + b}{k}$。

所以，定理 5.2 得证。

从定理 5.2 可以看出，当生鲜电商联盟规模在一定范围内时，采用联合采购是可行的。如果联盟规模过大，生鲜电商的利润会因协调成本过高而降低。

如果供应商与生鲜电商就数量折扣达成共识，则供应链协调可表示为

$$\max \pi_{Cs}^{ew}(\alpha_C^{ew}, T_C^{ew}) = \sum_{i=1}^{n}(\alpha_C^{ew} - c)D_i - \frac{K_s}{T_C^{ew}};\quad (5\text{-}2\text{-}22)$$

$$\text{s. t. } \pi_{Cr}^{ew}(\alpha_C^{ew}, T_C^{ew}) \geqslant \pi_{Cr}^w(\alpha_0, T_C^w)。\quad (5\text{-}2\text{-}23)$$

通过对约束条件进行求解，能够完成采购价格的计算。

$$\alpha_C^{ew} = \Big(\sum_{i=1}^{n}\alpha_0 D_i + \frac{K_r + kN + b}{T_C^{ew*}} + \sum_{i=1}^{n}\frac{T_C^{ew*}}{2}(h_i + \alpha_0\theta)D_i -$$
$$\frac{K_r + kN + b}{T_C^{ew}} - \sum_{i=1}^{n}\frac{h_i D_i T_C^{ew}}{2} \Big) \Big/ \Big(1 + \frac{\theta T_C^{ew}}{2}\Big)\sum_{i=1}^{n}D_i。$$

$$(5\text{-}2\text{-}24)$$

将式（5-2-24）代入式（5-2-22），则能够计算出供应商所获得的最优利润为

$$\pi_{Cs}^{ew*}(T_C^{ew}) = \frac{\sum\limits_{i=1}^{n}\alpha_0 D_i + \dfrac{K_r + kN + b}{T_C^{ew*}} + \sum\limits_{i=1}^{n}\dfrac{T_C^{ew*}}{2}(h_i + \alpha_0\theta)D_i - \dfrac{K_r + kN + b}{T_C^{ew}} - \sum\limits_{i=1}^{n}\dfrac{h_i D_i T_C^{ew}}{2}}{1 + \dfrac{\theta T_C^{ew}}{2}} -$$

$$\frac{K_s}{T_C^{ew}} - \sum_{i=1}^{n} cD_i \text{。} \tag{5-2-25}$$

对供应商的利润关于订货周期 T_C^{ew} 求导，可得

$$\frac{\mathrm{d}\pi_{Cs}^{ew*}(T_C^{ew})}{\mathrm{d}T_C^{ew}} = \frac{-C(T_C^{ew})^2 + (K_r + kN + b + K_s)\theta T_C^{ew} + K_s + K_r + kN + b}{\left(1 + \frac{\theta T_C^{ew}}{2}\right)^2 (T_C^{ew})^2} \text{。}$$

$$\tag{5-2-26}$$

其中，$C = \sum_{i=1}^{n} \frac{D_i h_i}{2} + \frac{\theta}{2}\left(\sum_{i=1}^{n} \alpha_0 D_i + \frac{K_r + kN + b}{T_C^{ew*}} + \sum_{i=1}^{n} \frac{T_C^{ew*}}{2}(h_i + \alpha_0\theta)D_i\right) - \frac{K_s\theta^2}{4}$ 。

因此，可以得到

$$\frac{\mathrm{d}\pi_{Cs}^{ew*}(T_C^{ew})}{\mathrm{d}T_C^{ew}} = \begin{cases} > 0, 0 < T_C^{ew} < T_C^{ew*} \\ = 0, T_C^{ew} = T_C^{ew*} \\ < 0, T_C^{ew} > T_C^{ew*} \end{cases} \text{。} \tag{5-2-27}$$

从式（5-2-27）可以看出，供应商的利润函数 $\pi_{Cs}^{ew*}(T_C^{ew})$ 是单峰函数，在 $T_C^{ew} = T_C^{ew*}$ 处存在极大值。

求解 $\dfrac{\mathrm{d}\pi_{Cs}^{ew*}(T_C^{ew})}{\mathrm{d}T_C^{ew}} = 0$ ，可以得到生鲜电商的最优订货周期为

$$T_C^{ew*} = \frac{(K_s + K_r + kN + b)\theta + \sqrt{(K_s + K_r + kN + b)^2\theta^2 + 4C(K_s + K_r + kN + b)}}{2C} \text{。}$$

在将协调成本纳入考虑范围内的前提下，对于生鲜电商而言，其最优订货周期能够对计划方案带来直接影响。因此，若在供应链协调过程中引入数量折扣契约，则应鼓励生鲜电商进行合作以形成采购联盟，从而为供应链的协调带来积极影响。

定理 5.3 在将协调成本纳入考虑范围内的前提下，对于生鲜电商而言，如果其采购价格 α_C^{ew} 满足 $\alpha_C^{ew} = \begin{cases} \alpha_C^{ew*}, T^{ew} \geqslant T_C^{ew*} \\ \alpha_0, T^{ew} < T_C^{ew*} \end{cases}$ ，其中 $\alpha_{\min}^{ew*} \leqslant \alpha_C^{ew*} \leqslant$

$\alpha_{\max}^{ew*}$ ，$\alpha_{\min}^{ew*} = \left(\sum_{i=1}^{n} \alpha_0 D_i - \frac{K_s}{T_D^{ew*}} + \frac{K_s}{T_C^{ew*}}\right)\bigg/ \sum_{i=1}^{n} D_i$ ，$\alpha_{\max}^{ew*} = \left(\sum_{i=1}^{n} \alpha_0 D_i + \right.$

$$\left.\frac{K_r + kN + b}{T_D^{ew*}} + \sum_{i=1}^{n} \frac{T_D^{ew*}}{2}(h_i + \alpha_0\theta)D_i - \frac{K_r + kN + b}{T_C^{ew*}} - \sum_{i=1}^{n} \frac{h_i D_i T_C^{ew*}}{2}\right) \Big/ \sum_{i=1}^{n} D_i$$

$\left(1 + \dfrac{\theta T_C^{ew*}}{2}\right)$，则数量折扣契约能够对供应链协调带来显著的积极作用，$(\alpha_C^{ew*}, T_C^{ew*})$ 达成协调，并且生鲜电商的利润分配 $x_i(\alpha_C^{ew*}, T_C^{ew*})$ 也能有效促进各利益主体的共赢。

证明：在将协调成本纳入考虑范围内的前提下，就采购联盟而言，其利润函数可表示为

$$\pi_{Cr}^{ew}(\alpha_C^{ew*}, T_C^{ew*}) = \sum_{i=1}^{n}(p_i - \alpha^{ew})D_i - \sqrt{2(K_r + kN + b)\sum_{i=1}^{n}(h_i + \alpha_C^{ew}\theta)D_i}$$

对于任何给定的 T_C^{ew}，对生鲜电商联盟利润 $\pi_C^{ew}(\alpha_C^{ew}, T_C^{ew})$ 关于采购价格 α_C^{ew} 求导，可得 $\dfrac{\partial \pi_C^{ew}(\alpha_C^{ew}, T_C^{ew})}{\partial \alpha_C^{ew}} = -\sum_{i=1}^{n} D_i - \sum_{i=1}^{n}(\theta D_i) \Big/$ $\left(2\sqrt{2(K_r + kN + b)\sum_{i=1}^{n}(h_i + \alpha^{ew}\theta)D_i}\right) < 0$。因此，利润函数 $\pi_C^{ew}(\alpha_C^{ew}, T_C^{ew})$ 是采购价格 α_C^{ew} 的减函数。

当 $\pi_{Cr}^{ew}(\alpha_C^{ew*}, T_C^{ew*}) \geqslant \pi_{Cr}^{ew}(\alpha_{max}^{ew*}, T_C^{ew*})$ 时，可得 $\alpha_C^{ew*} \leqslant \alpha_{max}^{ew*}$。从约束条件的表达式可以看出，生鲜电商 i 可以获得比不采用契约时更多的利润。

当 $\pi_{Cs}^{ew}(\alpha_C^{ew*}, T_C^{ew*}) \geqslant \sum_{i=1}^{n}(\alpha_0 - c)D_i - \dfrac{K_s}{T_C^{ew*}}$ 时，与不使用契约的情况相比，供应商在使用契约的情况下能够获取更大的利润，基于此，可以得到 $\alpha_C^{ew*} \geqslant \alpha_{min}^{ew*} = \left(\sum_{i=1}^{n} \alpha_0 D_i - \dfrac{K_s}{T_D^{ew*}} + \dfrac{K_s}{T_C^{ew*}}\right) \Big/ \sum_{i=1}^{n} D_i$。

为了使生鲜电商的利润分配额 $x_i(\alpha_C^{ew*}, T_C^{ew*})$ 满足有效性，令 $\sum_{i=1}^{s} x_i(\alpha_C^{ew*}, T_C^{ew*}) = \pi_{Cr}^{ew}(S)$。由于生鲜电商的订货周期 $T_C^{ew*} = \sqrt{\dfrac{2(K_r + kN + b)}{\sum_{i=1}^{n}(h_i + \alpha_0\theta)D_i}}$，因此可对供应商的利润分配额进行计算，即 $x_i^*(\alpha_C^{ew})$

$$= (p_i - \alpha_C^{ew})D_i - (h_i + \alpha_C^{ew}\theta)D_i \sqrt{\frac{2(K_r + kN + b)}{\sum_{i=1}^{n}(h_i + \alpha_C^{ew}\theta)D_i}}$$

因此，定理 5.3 得证。

定理5.3揭示了使用联合采购策略对生鲜电商的采购价格形成一定折扣的重要性的一些管理含义。定理5.3提供了一个简单的规则，当多个生鲜电商进行联合采购并形成联盟时，如何通过合作的概念确定生鲜电商的最优采购价格和订单周期。当生鲜电商的订单周期大于最优订单周期时，最优采购价格的取值范围是关键因素。生鲜农产品供应商可以通过决策将采购价格保持在$\left[\alpha_{\min}^{ew*}, \alpha_{\max}^{ew*}\right]$这一范围内，不仅能够最大限度地提高自身利润，同时也能对生鲜电商利润带来保障。因此，本部分得出的结论对于联合采购策略下通过数量折扣契约协调生鲜电商供应链具有深远的意义。

综上所述，通过对理论模型进行分析发现，在实际操作过程中，由多个生鲜电商共同合作来构成采购联盟，不仅可以降低采购成本，还能通过降低订单频次来减少产品在运输过程中的损耗，从而为运行效率及质量的提升带来积极影响。除此之外，当协调成本高于特定值时，生鲜电商供应链的整体利润将会出现下降趋势。在此背景下，生鲜电商可通过与第三方物流企业进行合作，以达到降低运营成本的目的。

5.2.5 算例分析

（1）数值仿真

针对多生鲜电商联合采购问题，通过数值算例验证了上述结论，并进一步讨论了独立采购和联合采购策略下相关参数对利润的影响。假设供应链系统中共包含1个供应商与4个生鲜电商，其损耗率$\theta = 0.2$，供应商的单次订货成本$K_s = 100$，生鲜电商的单次订货成本$K_r = 60$，生鲜电商单位成本的采购价格$c = 1.5$，生鲜电商i的相关参数如表5.2.1所示。

表5.2.1　生鲜电商i的相关参数

参数	生鲜电商			
	1	2	3	4
D_i	100	150	120	125
h_i	0.8	0.5	0.7	0.9
α_0	2.8	2.8	2.8	2.8
p_i	5.0	4.8	4.5	5.2

通过代入各个参数，分析在独立采购和联合采购的情况下，何种数量折

扣契约能够确保供应链协调目标的达成。

表 5.2.2 的结果能够对定理 5.1 加以验证。表 5.2.2 表明了当生鲜电商的采购价格 $\alpha_{\max}^{cw*} = 2.7620$ 时，供应商的利润比较大；当生鲜电商的采购价格 $\alpha_{\min}^{cw*} = 2.0675$ 时，生鲜电商的利润比较大。当 $\alpha_{Di}^{cw*} = 2.8$ 时，只能是在不存在契约的情况下，供应链能够获取的利润；当 $\alpha_{Di}^{cw*} \in [2.2538, 2.7587]$ 时，代表的是供应链采用数量折扣契约时的供应链利润。从表中可以看出，签订契约后的最小利润值大于未签订契约时的最小利润值。总之，采用数量折扣契约后，生鲜电商供应链得到了协调和优化。

表 5.2.2　独立采购下供应商和生鲜电商的利润

α_{Di}^{cw*}	利润/元				
	供应商	电商 1	电商 2	电商 3	电商 4
2.8000	186.36	92.25	161.87	69.30	152.01
2.7620	530.15	95.55	165.49	72.35	152.01
2.7073	503.07	101.60	174.56	79.61	159.57
2.6656	482.43	106.21	181.48	85.14	165.33
2.4148	358.28	133.94	223.08	118.42	200.00
2.2342	268.90	153.91	253.03	142.38	224.96
2.0675	186.37	172.35	260.68	154.51	248.01

由图 5.2.1 可以看出，随着产品损耗率的增加，生鲜电商在独立采购下的订货周期逐渐缩短，相应的订货频率也在增加，供应商提供给生鲜电商的采购价格随着产品损耗率的增加而降低。由图 5.2.2 可知，独立采购的供应商和生鲜电商的利润随着产品损耗率的增加而降低，且供应商和生鲜电商的利润都小于低损耗率条件下的利润。

表 5.2.3 能够对定理 5.2 加以验证，并直接体现了联合采购下各利益主体能够获取的利润。研究发现，在采用联合采购模式时，生鲜电商的采购价格呈现明显的下降趋势。除此之外，在此模式下，供应链各主体均能够获得更高的利润水平。在采用数量折扣契约的情况下，生鲜电商能够获得的利润更高。

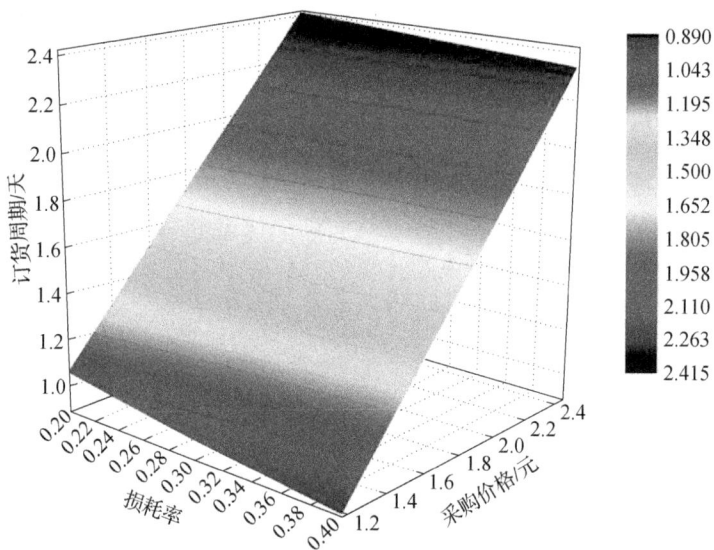

图 5.2.1 独立采购下产品损耗率对生鲜电商的
采购价格及订货周期的影响

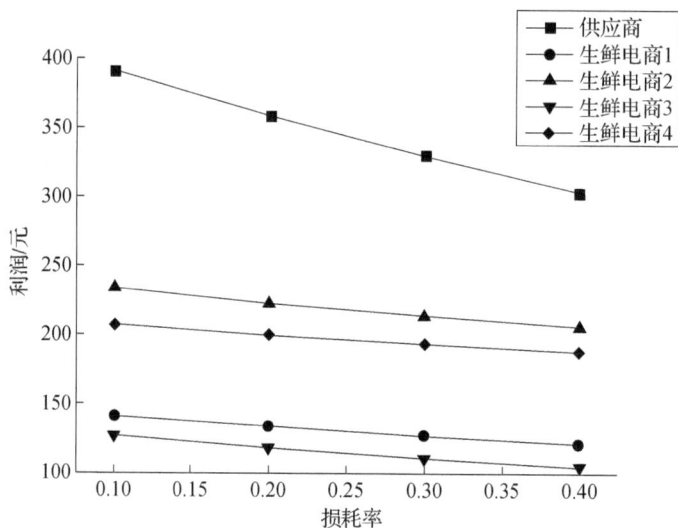

图 5.2.2 独立采购下不同的损耗率对供应商和生鲜电商利润的影响

表 5.2.3　联合采购下供应商和生鲜电商的利润

α_C^{cw*}	利润/元				
	供应商	电商 1	电商 2	电商 3	电商 4
2.8000	414.60	163.48	240.17	143.19	229.47
2.7290	472.04	167.98	241.74	146.85	229.48
2.7072	461.27	170.24	245.17	149.57	232.30
2.6854	450.50	172.51	248.60	152.30	235.12
2.6709	443.32	174.02	250.89	154.12	237.00
2.6419	428.97	177.04	255.46	157.75	240.76
2.6129	414.61	180.05	270.04	171.39	254.53

　　由图 5.2.3 可知，随着产品损耗率的增加，生鲜电商联合采购下的订货周期逐渐缩短，相应的订货频率也在增加。供应商提供给生鲜电商的采购价格随着产品损耗率的增加而降低。对比图 5.2.1 可以看出，生鲜电商联合采购时的采购价格高于独立采购时的采购价格，订货周期短于独立采购时的订货周期。由图 5.2.4 可知，联合采购时，供应商和生鲜电商的利润随着产品损耗率的增加而降低，且无论对供应商还是对生鲜电商而言，其所获得的利

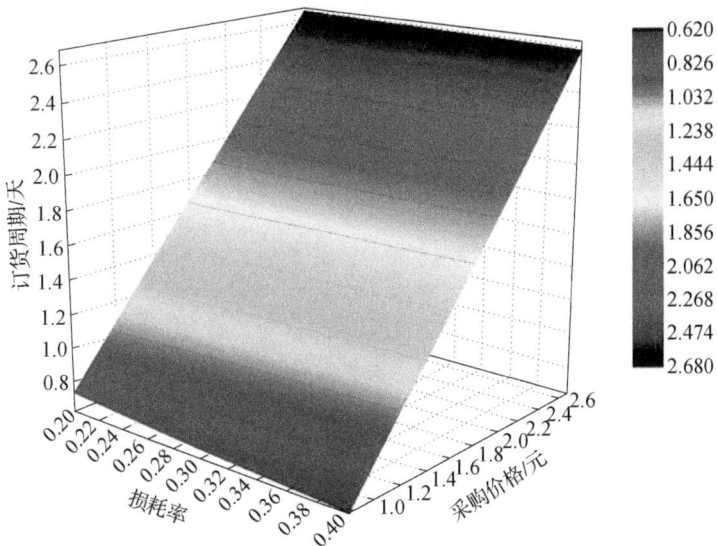

图 5.2.3　联合采购下产品损耗率对生鲜电商的采购价格及订货周期的影响

润均低于损耗率较低情况下所获得的利润。对比图 5.2.2 可知，联合采购的供应商和生鲜电商的利润要高于独立采购的供应商和生鲜电商的利润。

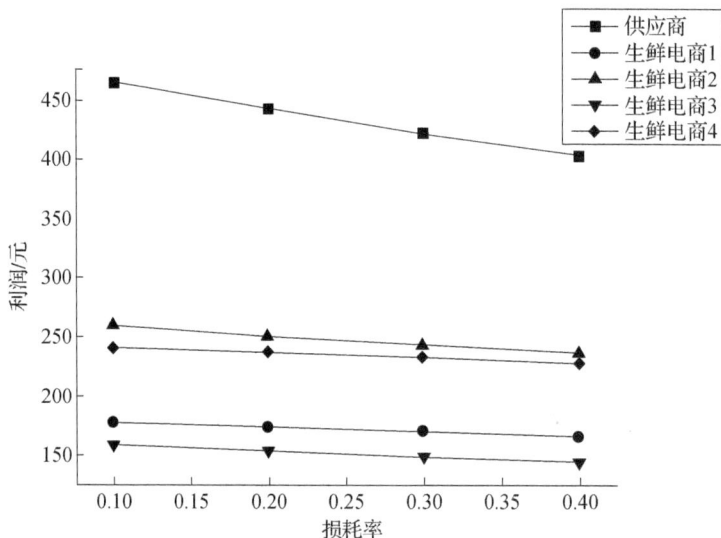

图 5.2.4　联合采购下不同的损耗率对供应商和生鲜电商利润的影响

从上述数据来看，数量折扣契约能够对供应链协调带来积极作用。当生鲜电商的采购价格在契约约定的范围内时，供应商和生鲜电商的利润都高于没有契约约定时的利润。当 $(\alpha_C^{cw}, T_C^{cw})$ 接近 $(\alpha_C^{cw*}, T_C^{cw*})$ 时，无论对参数进行何种设置，供应链均处于协调水平。

在将协调成本纳入考虑范围的前提下，就采购联盟而言，其固定订单的成本如表 5.2.4 所示。

表 5.2.4　生鲜电商联盟中固定订货成本的相关参数

N	{1}	{2}	{3}	{4}	{1, 2}
$K_r + c(N)$	60	60	60	60	75.84
N	{1, 3}	{1, 4}	{2, 3}	{2, 4}	{3, 4}
$K_r + c(N)$	77.62	90.63	68.26	76.47	86.44
N	{1, 2, 3}	{1, 2, 4}	{1, 3, 4}	{2, 3, 4}	{1, 2, 3, 4}
$K_r + c(N)$	93.54	94.80	109.54	99.86	112.62

同样，生鲜电商利润函数的凸对策如表 5.2.5 所示。

表 5.2.5　利润函数 (N, π_{Cr}^{cw*}) 的相关参数

N	{1}	{2}	{3}	{4}	{1, 2}
$\pi_{Cr}^{cw*}(N)$	0.819	0.795	0.840	0.971	1.015
N	{1, 3}	{1, 4}	{2, 3}	{2, 4}	{3, 4}
$\pi_{Cr}^{cw*}(N)$	1.031	1.034	1.084	1.112	1.070
N	{1, 2, 3}	{1, 2, 4}	{1, 3, 4}	{2, 3, 4}	{1, 2, 3, 4}
$\pi_{Cr}^{cw*}(N)$	1.135	1.192	1.127	1.171	1.254

将表 5.2.4 及表 5.2.5 中的参数代入相应表达式，能够得到在将协调成本纳入考虑范围的前提下，供应商和生鲜电商在采用联合采购策略时所获得的利润。

从表 5.2.6 的数据能够明显看出联合采购与供应链之间的具体关系。从对比分析结果来看，在采用联合采购模式的情况下，供应链利润通常高于独立采购模式下的利润，但与不考虑协调成本的联合采购模式下所获得的利润相比，通常处于较低水平，造成这一现象的根本原因是协调成本因素的存在将会增加订货周期。除此之外，从表中的数据来看，在使用该模式的情况下，生鲜电商的最优采购价格也出现了明显变动，这一现象主要与协调成本有着密不可分的联系。从表 5.2.6 中的数据来看，与无契约的情况相比，在引入数量折扣契约的情况下，供应链能够获得更高利润，这体现了数量折扣契约在供应链协调方面的价值和作用。

表 5.2.6　联合采购下考虑协调成本的供应商和生鲜电商的利润

α_C^{ew*}	利润/元				
	供应商	电商 1	电商 2	电商 3	电商 4
2.8000	489.09	155.76	239.53	136.49	209.74
2.8378	565.83	155.76	239.53	136.49	209.74
2.7794	531.96	164.55	243.01	144.44	223.41
2.7489	506.96	169.61	250.60	150.51	229.73
2.7213	489.09	178.40	263.29	162.66	249.97

（2）敏感性分析

在本节中，敏感性分析是基于上述示例的需求和变质率进行的，如表5.2.7和表5.2.8所示。根据不同的需求水平和不同的变质率进行敏感性分析。表5.2.7给出了非合作和合作情形下生鲜电商的销售价格、订货周期、单位总成本等参数的敏感性。其中，α 是供应商的供货价格，T 是生鲜电商的订购周期，θ 是新鲜产品的变质率。

表5.2.7　不合作情形下需求和变质率的敏感性分析

参数	变化（%）	α_i	T_i	π_i
D	−20	+0.0027	+0.1180	−0.1704
	−10	+0.0024	+0.0541	−0.0855
	+10	−0.0029	−0.0465	+0.0859
	+20	−0.0059	−0.0871	+0.1720
θ	−20	+0.1102	+0.1975	+0.2682
	−10	+0.0512	+0.0864	+0.1374
	+10	−0.0394	−0.0741	−0.1407
	+20	−0.0787	−0.1235	−0.2842

表5.2.8显示了参数对生鲜电商销售价格、订货周期和联合采购的单位总成本的敏感性。

表5.2.8　合作情形下需求和变质率的敏感性分析

参数	变化（%）	α_i	T_i	π_i
D	−20	+0.0016	+0.1014	−0.2000
	−10	+0.0010	+0.0471	−0.1000
	+10	−0.0027	−0.0333	+0.1806
	+20	−0.0035	−0.0675	+0.2336
θ	−20	+0.0258	+0.2209	+0.4689
	−10	+0.0148	+0.0930	+0.2345
	+10	−0.0148	−0.0814	−0.2345
	+20	−0.0332	−0.1395	−0.4689

产品变质率对供应链的影响远大于产品需求对供应链的影响,当需求水平增加时,生鲜电商的销售价格和订单次数会减少。换句话说,总利润随着需求的增加而增加。供应商对生鲜电商的销售价格和订购周期高度依赖于产品变质率。也就是说,如果产品变质率增加,总利润就会减少。

5.2.6　模型拓展

众所周知,产品的需求往往并非总是确定的。当需求具有随机性时,在确定性情况下得到的最优策略的结构是否会因随机情况而改变?因此,在需求随机的情况下,分析联合采购策略是一个有趣的问题。在开发模型时,本研究考虑了需求的随机性。本节将消费者需求设定为服从正态分布,因为这些不确定性使问题更类似于现实生活中的供需问题。其中,假设需求服从正态分布 $D \sim (\mu, \sigma^2)$。因此,正态分布的密度函数如下所示:$f(x) = \dfrac{1}{\sqrt{2\pi\sigma^2}}e^{-(x-\mu)^2/2\sigma^2}$。上标 e 和下标 C 表示联合采购下的数量折扣情况。因此,该模型的目标函数和约束条件如下:

$$\max \quad \pi_{Cs}^e(\alpha_C^e, T_C^e) = \sum_{i=1}^{n}(\alpha_C^e - c)\int_0^{+\infty} xf(x) - \frac{K_s}{T_C^e}; \quad (5\text{-}2\text{-}28)$$

$$\text{s. t.} \quad \pi_{Cr}^e(\alpha_C^e, T_C^e) \geqslant \pi_{Cr}^w(\alpha_{Ci}^w, T_C^{w*})。 \quad (5\text{-}2\text{-}29)$$

通过求解约束条件,得出供应商向生鲜电商收取的销售价格如下:

$$\alpha_C^e = \Bigg(\sum_{i=1}^{n}\alpha_{Ci}^w\int_0^{+\infty} x\frac{1}{\sqrt{2\pi\sigma^2}}e^{-(x-\mu)^2/2\sigma^2}\mathrm{d}x + \frac{K_r}{T_C^{w*}} +$$

$$\sum_{i=1}^{n}\frac{T_C^{w*}}{2}(h_i + \alpha_{Ci}^w\theta)\int_0^{+\infty} x\frac{1}{\sqrt{2\pi\sigma^2}}e^{-(x-\mu)^2/2\sigma^2}\mathrm{d}x -$$

$$\frac{K_r}{T_C^e} - \sum_{i=1}^{n}\frac{h_i\int_0^{+\infty} x\dfrac{1}{\sqrt{2\pi\sigma^2}}e^{-(x-\mu)^2/2\sigma^2}\mathrm{d}xT_C^e}{2} \Bigg) \Bigg/$$

$$\Big(1 + \frac{\theta T_C^e}{2}\Big)\sum_{i=1}^{n}\int_0^{+\infty} x\frac{1}{\sqrt{2\pi\sigma^2}}e^{-(x-\mu)^2/2\sigma^2}\mathrm{d}x。 \quad (5\text{-}2\text{-}30)$$

因此,得到供应商的最佳利润如下:

$$\pi_{Cs}^{e*}(T_C^e) = \Bigg(\sum_{i=1}^{n}\alpha_{Ci}^w\int_0^{+\infty} x\frac{1}{\sqrt{2\pi\sigma^2}}e^{-(x-\mu)^2/2\sigma^2}\mathrm{d}x + \frac{K_r}{T_C^{w*}} +$$

$$\sum_{i=1}^{n} \frac{T_C^{w*}}{2}(h_i + \alpha_{Ci}^{w}\theta)\int_0^{+\infty} x\,\frac{1}{\sqrt{2\pi\sigma^2}}\mathrm{e}^{-(x-\mu)^2/2\sigma^2}\mathrm{d}x -$$

$$\frac{K_r}{T_C^e} - \sum_{i=1}^{n}\frac{h_i\displaystyle\int_0^{+\infty} x\,\frac{1}{\sqrt{2\pi\sigma^2}}\mathrm{e}^{-(x-\mu)^2/2\sigma^2}\mathrm{d}x\,T_C^e}{2}\Bigg)\Bigg/$$

$$\left(1 + \frac{\theta T_C^e}{2}\right) - \frac{K_s}{T_C^e} - \sum_{i=1}^{n}c\int_0^{+\infty} x\,\frac{1}{\sqrt{2\pi\sigma^2}}\mathrm{e}^{-(x-\mu)^2/2\sigma^2}\mathrm{d}x\,\text{。}$$

$$(5\text{-}2\text{-}31)$$

关于订货周期 T_C^e 求导，可得

$$\frac{\mathrm{d}\pi_{Cs}^{e*}(T_C^e)}{\mathrm{d}T_C^e} = \frac{-C(T_C^e)^2 + (K_s + K_r)\theta T_C^e + K_s + K_r}{\left(1 + \dfrac{\theta T_C^e}{2}\right)^2(T_C^e)^2}\text{。} \qquad (5\text{-}2\text{-}32)$$

其中，$C = \displaystyle\sum_{i=1}^{n}\frac{h_i\displaystyle\int_0^{+\infty} x\,\frac{1}{\sqrt{2\pi\sigma^2}}\mathrm{e}^{-(x-\mu)^2/2\sigma^2}\mathrm{d}x}{2} + \frac{\theta}{2}\Bigg(\sum_{i=1}^{n}\alpha_{Ci}^{w}\int_0^{+\infty} x \times$

$\dfrac{1}{\sqrt{2\pi\sigma^2}}\mathrm{e}^{-(x-\mu)^2/2\sigma^2}\mathrm{d}x + \dfrac{K_r}{T_C^{e*}} + \displaystyle\sum_{i=1}^{n}\frac{T_C^{e*}}{2}(h_i + \alpha_{Ci}^{w}\theta)\int_0^{+\infty} x\,\frac{1}{\sqrt{2\pi\sigma^2}}\mathrm{e}^{-(x-\mu)^2/2\sigma^2}\mathrm{d}x\Bigg) -$

$\dfrac{K_s\theta^2}{4}$。

令 $\dfrac{\mathrm{d}\pi_{Cs}^{e*}(T_C^e)}{\mathrm{d}T_C^e} = 0$，可以得到最优订货周期为

$$T_C^{cw*} = \frac{(K_s + K_r)\theta + \sqrt{(K_s + K_r)^2\theta^2 + 4C(K_s + K_r)}}{2C}\text{。} \qquad (5\text{-}2\text{-}33)$$

由于解析解难以分析，采用随机需求进行仿真。需求服从正态分布 $D \sim N(\mu,\sigma^2)$。本研究选择 5 个案例 $D \sim N(100,15)$，$D \sim N(100,25)$，$D \sim N(100,45)$，$D \sim N(120,25)$ 和 $D \sim N(140,25)$ 作为示例，进行说明见图 5.2.5 和图 5.2.6。

假设生鲜电商供应链由 1 个供应商和 4 个生鲜电商组成。为了更好地说明，本研究获取了 4 个生鲜电商的数据。将产品变质率设定为 $\theta = 0.02$，供应商的固定订购成本设定为每份订单 100 元，生鲜电商的固定订购成本设定为每份订单 60 元，供应商的采购（或生产）成本设定为每台 1.5 元。表 5.2.9 表示了生鲜电商的不同参数。

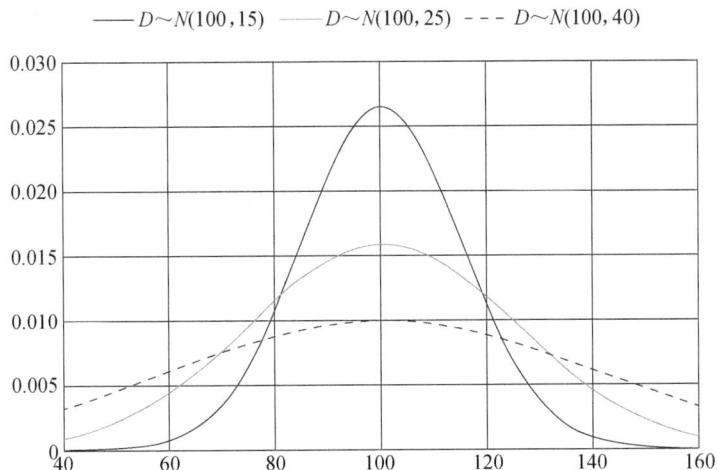
—— $D \sim N(100,15)$　—— $D \sim N(100,25)$　- - - $D \sim N(100,40)$

图 5.2.5　不同方差下需求的正态分布

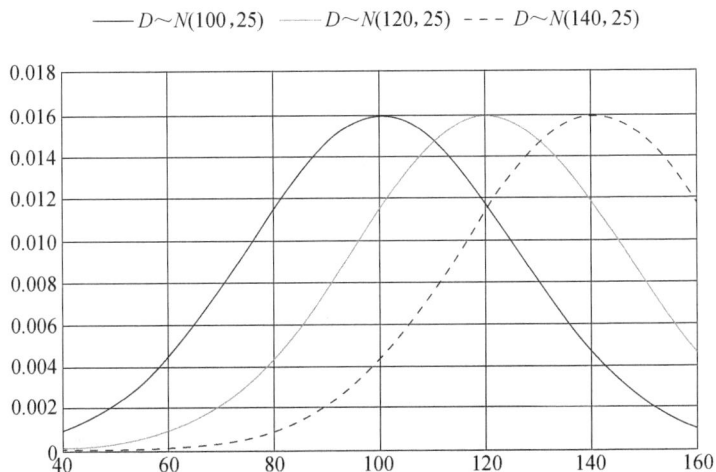
—— $D \sim N(100,25)$　—— $D \sim N(120,25)$　- - - $D \sim N(140,25)$

图 5.2.6　不同平均值的需求正态分布

（1）案例 1：需求服从正态分布 $D \sim N(100,15)$

使用表 5.2.9 中的参数，将其应用于前面分析的场景。分析当需求服从正态分布 $D \sim N(100,15)$ 时，供应商的销售价格和生鲜电商的订货周期如何影响供应商和生鲜电商的利润。

表 5.2.9 随机需求下生鲜电商的参数

参数	生鲜电商			
	1	2	3	4
h_i/元	0.8	0.5	0.7	0.9
p_i/元	5.0	4.8	4.5	5.2

表 5.2.10 的结果表明，当需求服从正态分布 $D \sim N(100,15)$ 时，供应商和生鲜电商的利润随着需求的增加而增加。这种变化趋势与需求具有确定性的情况类似。

表 5.2.10 不合作情形下供应商和生鲜电商的利润

需求	利润/元				
	供应商	电商 1	电商 2	电商 3	电商 4
40	272.94	71.79	167.16	74.48	126.98
60	309.17	90.42	186.55	89.29	148.21
80	345.59	109.47	206.06	104.40	169.74
90	382.17	128.88	225.69	119.74	191.52
100	418.90	148.58	245.42	135.29	213.51
110	455.76	168.54	265.25	151.02	235.71
120	492.73	188.72	285.17	166.92	258.08
140	529.80	209.10	305.17	182.96	280.61
160	566.96	229.66	325.25	199.14	303.28

从表 5.2.11 可以看出，当需求服从正态分布 $D \sim (100,15)$，对比独立采购与联合采购情境时，在联合采购下，供应商的销售价格较高，生鲜电商的订购周期较短。

表 5.2.11 不同变质率下采购价格和订购周期

θ	不合作		合作	
	α_{Di}^{cw*} / 元	T_{Di}^{cw*}	α_{C}^{cw*} / 元	T_{C}^{cw*}
0.01	2.4747	1.4947	2.6969	1.0261
0.02	2.4691	1.4687	2.6947	1.0091

θ	不合作		合作	
	α_{Di}^{cw*} / 元	T_{Di}^{cw*}	α_C^{cw*} / 元	T_C^{cw*}
0.03	2.4635	1.4441	2.6924	0.9929
0.04	2.4581	1.4208	2.6902	0.9775

（2）案例 2：需求服从正态分布 $D \sim N(100,25)$

使用表 5.2.9 中的参数，将其应用于前面分析的场景。分析当需求服从正态分布 $D \sim N(100,25)$ 时，供应商的销售价格和生鲜电商的订货周期如何影响供应商和生鲜电商的利润。

表 5.2.12 的结果表明，当需求服从正态分布 $D \sim N(100,25)$ 时，供应商和生鲜电商的利润随着需求的增加而增加。这种变化趋势与需求具有确定性的情况类似。

表 5.2.12　独立采购下供应商和生鲜电商的利润

需求	利润/元				
	供应商	电商 1	电商 2	电商 3	电商 4
60	309.17	90.42	186.55	89.29	148.21
70	327.35	99.90	196.29	96.81	158.94
80	345.59	109.47	206.06	104.40	169.74
90	382.17	128.88	225.69	119.74	191.52
100	418.90	148.58	245.42	135.29	213.51
110	455.76	168.54	265.25	151.02	235.71
120	492.73	188.72	285.17	166.92	258.08
130	511.25	198.89	295.16	174.93	269.32
140	529.80	209.10	305.17	182.96	280.61

从表 5.2.13 可以看出，当需求服从正态分布 $D \sim (100,25)$，对比独立采购与联合采购情境时，在联合采购下，供应商的销售价格较高，生鲜电商的订购周期较短。

表 5.2.13 不同变质率下采购价格和订购周期

θ	不合作		合作	
	α_{Di}^{cw*} / 元	T_{Di}^{cw*}	α_{C}^{cw*} / 元	T_{C}^{cw*}
0.01	2.4892	1.4259	2.7015	0.9789
0.02	2.4839	1.4011	2.6993	0.9625
0.03	2.4785	1.3776	2.6972	0.9471
0.04	2.4733	1.3553	2.6951	0.9324

（3）案例3：需求服从正态分布 $D \sim N(100,40)$

使用表5.2.9中的参数，将其应用于前面分析的场景。分析当需求服从正态分布 $D \sim N(100,40)$ 时，供应商的销售价格和生鲜电商的订货周期如何影响供应商和生鲜电商的利润。

表5.2.14的结果表明，当需求服从正态分布 $D \sim N(100,40)$ 时，供应商和生鲜电商的利润随着需求的增加而增加。这种变化趋势与需求具有确定性的情况类似。

表 5.2.14 独立采购下供应商和生鲜电商的利润

需求	利润/元				
	供应商	电商1	电商2	电商3	电商4
80	345.59	109.47	206.06	104.40	169.74
85	363.86	119.13	215.86	112.04	180.60
90	382.17	128.88	225.69	119.74	191.52
95	400.52	138.69	235.54	127.49	202.49
100	418.90	148.58	245.42	135.29	213.51
105	437.31	158.53	255.32	143.14	224.59
110	455.76	168.54	265.25	151.02	235.71
115	474.23	178.60	275.20	158.95	246.87
120	492.73	188.72	285.17	166.92	258.08

从表5.2.15可以看出，当需求服从正态分布 $D \sim (100，40)$，对比独立采购与联合采购情境时，在联合采购下，供应商的销售价格较高，生鲜电商的订购周期较短。

表 5.2.15　不同变质率下采购价格和订购周期

θ	不合作		合作	
	α_{Di}^{cw*} / 元	T_{Di}^{cw*}	α_{C}^{cw*} / 元	T_{C}^{cw*}
0.01	2.5019	1.3658	2.7055	0.9376
0.02	2.4968	1.3420	2.7034	0.9219
0.03	2.4917	1.3195	2.7014	0.9070
0.04	2.4867	1.2981	2.6408	0.6230

（4）案例 4：需求服从正态分布 $D \sim N(120,25)$

使用表 5.2.9 中的参数，将其应用于前面分析的场景。分析当需求服从正态分布 $D \sim N(120,25)$ 时，供应商的销售价格和生鲜电商的订货周期如何影响供应商和生鲜电商的利润。

表 5.2.16 的结果表明，当需求服从正态分布 $D \sim N(120,25)$ 时，供应商和生鲜电商的利润随着需求的增加而增加。这种变化趋势与需求具有确定性的情况类似。

表 5.2.16　独立采购下供应商和生鲜电商的利润

需求	利润/元				
	供应商	电商 1	电商 2	电商 3	电商 4
80	345.59	109.47	206.06	104.40	169.74
90	382.17	128.88	225.69	119.74	191.52
100	418.90	148.58	245.42	135.29	213.51
110	455.76	168.54	265.25	151.02	235.71
120	492.73	188.72	285.17	166.92	258.08
130	511.25	198.89	295.16	174.93	269.32
140	529.80	209.10	305.17	182.96	280.61
150	548.37	219.36	315.20	191.04	291.92
160	566.96	229.66	325.25	199.14	303.28

从表 5.2.17 可以看出，当需求服从正态分布 $D \sim (120,25)$，对比独立采购与联合采购情境时，在联合采购下，供应商的销售价格较高，生鲜电商的订购周期较短。

表 5.2.17　不同变质率下采购价格和订购周期

θ	不合作		合作	
	α_{Di}^{cw*} / 元	T_{Di}^{cw*}	α_C^{cw*} / 元	T_C^{cw*}
0.01	2.5133	1.3127	2.7090	0.9011
0.02	2.5083	1.2898	2.7071	0.8860
0.03	2.5034	1.2682	2.7051	0.8717
0.04	2.4986	1.2476	2.7032	0.8581

（5）案例 5：需求服从正态分布 $D \sim N(140,25)$

使用表 5.2.9 中的参数，将其应用于前面分析的场景。分析当需求服从正态分布 $D \sim N(140,25)$ 时，供应商的销售价格和生鲜电商的订货周期如何影响供应商和生鲜电商的利润。

表 5.2.18 的结果表明，当需求服从正态分布 $D \sim N(140,25)$ 时，供应商和生鲜电商的利润随着需求的增加而增加。这种变化趋势与需求具有确定性的情况类似。

表 5.2.18　独立采购下供应商和生鲜电商的利润

需求	利润/元				
	供应商	电商 1	电商 2	电商 3	电商 4
100	418.90	148.58	245.42	135.29	213.51
110	455.76	168.54	265.25	151.02	235.71
120	492.73	188.72	285.17	166.92	258.08
130	511.25	198.89	295.16	174.93	269.32
140	529.80	209.10	305.17	182.96	280.61
150	548.37	219.36	315.20	191.04	291.92
160	566.96	229.66	325.25	199.14	303.28
170	585.57	239.99	335.32	207.27	314.66
180	604.20	250.37	345.41	215.43	326.07

从表 5.2.19 可以看出，当需求服从正态分布 $D \sim (140,25)$，对比独立采购与联合采购情境时，在联合采购下，供应商的销售价格较高，生鲜电商的订购周期较短。

表 5.2.19　不同变质率下采购价格和订购周期

θ	不合作		合作	
	α_{Di}^{cw*} / 元	T_{Di}^{cw*}	α_C^{cw*} / 元	T_C^{cw*}
0.01	2.5234	1.2653	2.7122	0.8686
0.02	2.5186	1.2433	2.7103	0.8540
0.03	2.5139	1.2224	2.7085	0.8401
0.04	2.5092	1.2025	2.7066	0.8270

从以上案例可以看出，供应商和生鲜电商的利润与生鲜农产品的需求正相关。与独立采购相比，联合采购下供应商的售价更高，生鲜电商的订购周期更短。随机需求下的所有趋势都类似于确定性的情况。

5.2.7　本节小结

从当前的理论研究成果来看，仅有部分研究学者将多生鲜电商的联合采购模式纳入研究范围。本节则针对多生鲜电商的合作采购模式进行研究和分析，在结合合作博弈理论的基础上，分别从 4 种情境入手进行分析，并深入剖析了利益主体制定决策的影响因素，最后针对协调成本与最优决策之间的具体关系进行分析。通过研究得出如下结论：

①在契约谈判中，当供应商销售价格的变化在一定范围内时，供应商和生鲜电商可以获得比没有契约情况下更多的利润。

②如果利润分配满足有效性条件，那么生鲜电商将有足够的动机形成大联盟。值得注意的是，当联盟中的生鲜电商数量在一定范围内时，可以确保每个生鲜电商的利润。

③产品损耗率对供应链总利润具有明显的负向影响，因此，为了最大限度地降低损耗率，有必要对订购周期进行优化。

从理论角度来看，本部分探讨由一个供应商和多个生鲜电商组成的生鲜电商供应链并同时考虑变质率和供应链协调成本。此外，许多研究没有考虑联盟规模对协调成本的影响，而是分析了供应链协调策略。然而，在本部分中，研究得到了联盟规模的分析结果，该联盟规模保证生鲜电商和供应商都有更高的利润，以及如何在他们之间合理分配利润，丰富了人们对生鲜电商供应链运营和管理的理解。从实际角度看，当两个或两个以上的生鲜电商从一个供应商处采购一种产品时，他们可以使用联合采购和数量折扣契约，有必要鼓励生鲜电商通过谈判形成大联盟。如果联合采购时供应商和生鲜电商的利润都比独立采购时的利润更高，那么所有各方都可以就数量折扣契约达成一致。此外，如果协调成本高于增加的利润，则可以将联合采购外包给第三方物流公司，以最小化运营成本。

第6章 生鲜电商供应链契约协调优化策略

在互联网技术飞速发展的时代背景下，国民的生活质量也得到了全方位改善，这一发展特征不断促进国民消费需求向多元化、个性化方向发展，消费者不仅对生鲜农产品的质量提出了更为严苛的要求，而且购买方式也从线下渠道向线上电商、直播电商等多样化电商平台转变。基于此，生鲜电商企业不得不以供应链为研究视角来采取有效措施降低产品的运输成本，从而为企业经济效益的提升奠定良好的基础。因此，以供应链契约为切入点对生鲜农产品行业的协调优化机制进行研究和剖析，能够为生鲜电商企业管理及政府决策带来一定的参考和借鉴。

无论是对于人民的日常生活，还是对于"三农"问题的解决，生鲜农产品都发挥着不容忽视的作用，行业供应链的发展水平与民生保障水平密不可分。在此背景下，生鲜农产品供应链只有立足于实际情况采取有效措施来提高成本管控水平及运营效率，才能够确保供应链的高效运作。因此，生鲜电商供应链各主体之间应加强合作，以达到促进整体运作效率提升的目的。本书以生鲜电商供应链协调优化为研究视角，深入剖析了市场需求、保鲜努力等因素对契约协调机制带来的作用和影响，以及对风险成本决策的影响。根据我国生鲜企业的发展现状及存在的问题，从政府、企业和消费者的层面对生鲜电商供应链契约协调提出了相应的优化策略。

6.1 政府层面

6.1.1 积极组织生鲜农产品认证，提升特色产品品牌知名度

对于政府而言，应充分发挥自身的指导作用，积极推动生产水平的提升，并逐步构建起标准化生产体系，为标准化管理工作的推进奠定坚实基础。同时，还应根据生鲜农产品的特征来构建完善的质量标准及监督体系，全方位提升产品的质量水平。培育特色生鲜农产品产业，积极组织生鲜农产

品认证，同时使之成为名特优新农产品区域公共品牌，力争入选中国农产品品牌索引目录，努力开发保护农产品地理标志产品，有效防止侵权，提高生鲜农产品的品牌知名度和国际市场竞争力，为生鲜农产品行业的发展奠定良好的基础。因此，加强生鲜农产品的认证，培育产品品牌，政府部门要对生鲜电商企业进行培训教育，提高品牌知名度，通过天猫、京东、微博、微信等新媒体营销渠道进行品牌营销，不断扩大品牌在市场中的影响力。此外，政府相关部门应鼓励农户开展生鲜农产品种植技术研发，整合特色农业资源优势，扩大生鲜农产品的投资组合，推动生鲜农产品产业链深度合作，携手电商平台和连锁超市精准捕捉互联网时代生鲜消费需求变化，提供特色产品和服务，从而达到吸引消费者、扩大品牌影响力的目的。

6.1.2 出台生鲜电商交易规范，构建生鲜农产品商家信用体系

随着互联网时代的到来，大数据技术的作用日益凸显。在此背景下，有必要对生鲜电商的经济活动及交易行为进行规范和完善，除此之外，还应对电商的信用机制进行优化和改善。具体来说，一方面，要采取有效的措施来解决当前产品质量标准缺乏统一性的问题。政府应充分发挥自身的监管作用，通过颁布政策、出台规范或加强与企业和行业之间的合作等措施，不断提高产品的标准化水平。同时，政府还应加快电商信用机制的建立和完善，以确保消费者能够无后顾之忧地通过电商平台购买生鲜农产品。另一方面，生鲜农产品的品牌有助于增强市场竞争力，也能在很大程度上保护新零售企业和消费者权益，同时对生鲜电商行业的发展加以监管，以确保行业的健康和有序发展。利用互联网大数据等技术，对淘宝、京东、天猫等各大电商平台的消费者数据进行分析，充分发挥互联网在资源整合、沟通、信息共享等方面的作用和优势，加强对市场需求的关注和监控，确保供应链各成员能够利用多种信息传递方式实现链内链外信息共享，全方位确保供应链整体效率的提升。

6.1.3 建立专门的生鲜电商网站，增强产品溯源能力

线上流通渠道和线下流通渠道各有利弊，应相互补充。政府应建立专业的生鲜电商网站，通过网络营销各类特色农产品，实现各类特色农业官方信息与供应链上下游企业资源信息共享、信息管理系统对接。在新时代背景下，专业化的生鲜电商网站也需要建立，以便更好地实现产品质量追溯，形

成供应链的闭环监管。生产生鲜农产品的农户在政府相关部门的支持和国家生鲜农产品生产标准化示范区的技术指导下，不断提高产品的生产水平，积极落实可追溯性管理措施。生鲜农产品流通应抓住消费目标群体的特点、习惯等，积极发展"互联网＋"模式下的双渠道供应链体系。通过与京东、天猫、抖音、拼多多等主要电商平台达成长期合作协议，实现生鲜农产品"互联网＋"背景下的双渠道供应链一体化运营。发展"互联网＋"双渠道供应链模式的核心在于推动生鲜农产品线上线下的协同运作，充分整合线上线下资源，实现供应链信息的共享与流通。

6.1.4　加强生鲜农产品的补贴力度，引导供应链创造运营型模式

充分发挥政府在资本引导方面的作用和优势，为供应链协调水平的提升提供必要的资金支撑。政府补贴对于生鲜电商供应链的发展能够起到推动作用，采用不同补贴方式对供应链运营的影响也是不同的，通过采购补贴或者销售补贴来实现社会福利最大化。各地可根据扶持内容清单和地方实际情况选择扶持方向，支持建设公益性农产品批发市场，由政府扶持和强控，在保障供给的基础上，最大限度地确保价格的稳定性。避免与国家发展改革委安排的中央基础设施投资项目重复配套。鼓励按照"菜单、全披露、可追溯、绩效查询"的方式进行管理，加强绩效考核结果的使用，为供应链的调整提供必要的参考依据。加大财政补贴力度，鼓励生鲜农业合作社提升产品的新鲜度和质量，提高居民的消费质量。此外，政府还应引导生鲜企业建立以蔬菜种植基地为供应商、以社区平价商店为销售商的供应链体系，充分发挥企业联盟的作用和优势来促进供应链整体利润的提升。

6.2　企业层面

6.2.1　构建供应链契约协调机制，提升供应链运作效率

生鲜农产品行业应继续加强电商平台、农户及供应链运营模式，创新以第三方物流企业为核心主体的农产品供应链模式，通过核心企业较强的组织能力协调供应链上下游各成员之间的关系，通过互联网信息技术的帮助，识别和突出电商平台和连锁超市及第三方物流的核心。实现供应链的信息沟通与共享，使整个供应链的上下游企业达成共识，形成稳固的利益联盟，共同

维护合作的美誉度。不断对当前的供应链结构及参与主体进行优化和完善，将线上与线下资源进行有机整合，最大限度地降低渠道成本。冷链物流中的储运配送是生鲜电商供应链的主要服务功能，也是投资成本最高的两个环节。供应链应充分发挥互联网在资源及信息等方面的整合作用，构建标准化的物流储运流程，解决生鲜电商供应链存在的变质率高、物流成本高的问题，全方位确保供应链运行效率和质量的提升。因此，采用供应链契约协调优化方法来制定生鲜农产品行业的供应链契约协调机制，提高供应链的运营效率。

6.2.2　加强生鲜农产品质量标准化建设，促进生鲜电商持续健康发展

随着国民消费理念的变化，人们逐步进入了消费升级的时代。在此背景下，消费者在购买产品时不仅关注产品的价格，同时还将产品的质量、自身的个性化需求及产品的品牌纳入考虑范围之内。在人民生活水平不断提升的背景下，生鲜农产品的质量受到了越来越多的关注，不断提高产品的质量和安全水平已成为行业发展的必然要求。首先，就目前的情况来看，消费者已逐步习惯了线上与线下共同发展的模式，而电商的优化和完善也成为提高农产品质量和安全水平的关键性举措。其次，加强冷链物流保鲜技术的研发，完善冷链物流设备，利用 GPS、AI、大数据、物联网等先进信息技术实现对温度、湿度的精确管理和监控，推动冷链物流智能化运作和全过程监管。同时，扩大生鲜农产品冷链物流的规模，实现冷链运输的规模经济，不断降低运输损耗率，提高成本控制水平。最后，实施生鲜农产品统一包装标准，使用统一的包装材料、包装标识和包装设计，可以实现包装过程中的品牌宣传。在此背景下，消费者对产品的质量与安全给予了高度关注，因此需对当前的质量、标准等进行统一，并以此为基础构建高水平的质量标准体系。这一举措能够为生鲜农产品电商行业的高效和稳步发展带来显著的积极作用。

6.2.3　优化生鲜智能仓储系统，保障产品配送品质

对于生鲜农产品而言，零售活动的本质目的是确保产品的质量和新鲜度，从而保障消费者的需求能够得到有效满足，而该行业的未来发展与冷链物流行业的发展有着密不可分的联系。当今时代智能仓储可以提高供应链的运营效率，保证生鲜农产品的新鲜度，并保障生鲜农产品的配送品质。在零售模式发生重大变革的背景下，冷链物流运输已成为生鲜电商企业提高市场

地位、提升市场竞争力的最关键因素。基于此，有必要加大对基础设施的投入，通过对仓库、配送点等进行优化和完善来达到扩大覆盖面的目的。除此之外，还应发挥智能化和自动化技术在仓储系统中的作用，以不断提升冷链物流运输的自动化水平。通过引入前置仓模式，企业不仅能够为一定范围内的消费者提供及时配送服务，也能有效打破时间及空间上的配送限制。将线上资源与线下资源进行有机整合，以促进物流行业向一体化方向发展，并不断提升冷链物流企业的建设水平，以电商平台及线下实体为依托，促进全渠道供应模式的发展，全方位保障生鲜农产品行业的高效和稳步前进。

6.2.4　提升用户的场景实体化消费体验，打造舒适、多元化的消费环境

应对当前的互动渠道进行优化和完善，不断拉近企业与消费者之间的距离，加强对消费者需求、生活习惯等的了解，为消费者提供个性化、差异化的服务。提升用户场景实体化消费体验，让消费者通过网络能够实际感知生鲜农产品，结合不同的渠道模式，如线上展示线下购买、线下展示线上购买等模式，形成舒适、多元化的消费环境。在消费者的需求不断升级的背景下，生鲜农产品的技术、设施等也面临着更新换代的要求，以消费者的追求及消费体验为切入点，能够最大限度地确保消费者的需求得到满足。从阿里巴巴所提供的调查数据来看，有超过六成的用户在购买生鲜农产品时对其新鲜度及质量具有较高的要求。从这一层面来看，不断促进消费场景的多样化已成为新时期生鲜电商面临的一大任务。同时，合理、舒适的消费场景也能够有效拉近消费者与商家之间的距离，从而为销售量的增长带来显著的积极作用。

6.3　消费者层面

6.3.1　选择可靠的生鲜电商平台，确保产品和售后服务品质

生鲜电商作为一种新型的商业模式，以其便捷、多样的特点逐渐受到消费者的青睐。然而，面对众多的生鲜电商平台和各式各样的商品，消费者在选择生鲜电商平台时，应首先关注平台的信誉度和口碑。可以通过查看用户评价、媒体报道等方式了解平台的运营状况和服务质量。通过社交媒体、在线社群等渠道，消费者可以获取其他用户的购物心得，从而更好地了解产品

的优劣。同时，选择有完善供应链和物流体系的平台，能够确保商品的新鲜度和配送的及时性。此外，消费者还可以关注平台是否提供售后和退换货服务，以便在遇到问题时能够及时解决。

6.3.2 关注生鲜农产品各项质量信息，挑选新鲜优质的生鲜农产品

在挑选生鲜农产品时，消费者应关注产品的产地、品种、新鲜度等信息。优先选择来自正规渠道、有品质保障的产品，避免购买来源不明、质量难以保证的产品。同时，消费者还可以通过查看图片、文字描述等方式了解产品的外观、口感等特点，以便更好地做出选择。此外，消费者还应关注可持续性和环保，选择支持绿色可持续发展的生鲜电商平台。这包括关注产品的生产方式、包装材料等方面，以确保所购买的生鲜农产品符合可持续和环保的标准。通过有意识的购物行为，消费者可以促使生鲜电商行业更加注重可持续发展。

6.3.3 掌握电商平台的购物技巧，享受便捷优质的平台服务

在购物过程中，消费者可以掌握一些实用的技巧，以便更好地享受生鲜电商带来的便捷服务。生鲜电商平台为消费者提供了更为便捷的购物途径，可以随时随地选择所需的生鲜农产品，避免了传统实体店购物的时间和空间限制。通过学习和掌握在线购物的技巧，消费者可以更好地利用生鲜电商的优势。一方面，合理安排购物时间，避免在高峰期下单，以免配送延迟而影响产品的新鲜度；另一方面，关注平台的优惠活动和促销信息，以便在享受便捷服务的同时，还能节省一定的购物成本。此外，消费者还可以选择使用平台的会员服务，享受更多的优惠和专属权益。

参考文献

[1] 张艳，牟进进，王淑云．商超具有价格控制力的生鲜农产品供应链优化决策［J］．中国管理科学，2023，31（10）：266－275.

[2] 蒋云，李巍．跨境生鲜农产品供应链：生产决策，税收补贴与社会福利［J］．系统工程理论与实践，2023，43（12）：3587－3607.

[3] 方新，袁奉娇，蔡继荣．生鲜农产品供应链的保鲜投入和货架服务优化决策及其协调契约研究［J］．中国管理科学，2023，31（6）：142－152.

[4] XU C, FAN T J, ZHENG Q, et al. Contract selection for fresh produce suppliers cooperating with a platform under a markdown-pricing［J］. International journal of production research, 2023, 61（11）: 3756－3780.

[5] 赵帅，李文立，曹晓宁，等．预售模式下的生鲜农产品双渠道供应链协调机制［J］．管理工程学报，2021，35（4）：162－177.

[6] 余云龙，冯颖．不同冷链服务模式下生鲜农产品供应链决策［J］．中国管理科学，2021，29（9）：135－143.

[7] 熊峰，方剑宇，袁俊，等．盟员行为偏好下生鲜农产品供应链生鲜努力激励机制与协调研究［J］．中国管理科学，2019，27（4）：115－126.

[8] 王磊，但斌．考虑质量与数量损耗控制的生鲜农产品保鲜策略研究［J］．中国管理科学，2023，31（8）：100－110.

[9] 但斌，马崧萱，刘墨林，等．考虑3PL保鲜努力的生鲜农产品供应链信息共享研究［J］．中国管理科学，2024，32（5）：122－132.

[10] DENG J, WANG C. Option contracts in fresh produce supply chain with freshness-keeping effort［J］. Mathematics, 2022, 10（8）: 1287－1297.

[11] 董振宁，周雪君，林强．考虑保鲜努力的生鲜农产品供应链协调［J］．系统工程学报，2022，37（3）：362－374.

[12] 龚媛媛，肖勇波．新鲜产品跨季销售中的动态库存管理策略研究［J］．中国管理科学，2019，27（7）：83－93.

[13] 王淑云，范晓晴，马雪丽，等．考虑商品新鲜度与量变损耗的三级冷链库存优化模型［J］．系统管理学报，2020，29（2）：409－416.

[14] YAN B, LIU G D, WU X H, et al. Decision-making on the supply chain of fresh agri-

cultural products with two-period price and option contract［J］. Asia-Pacific journal of operational research, 2021, 38（1）: 125 – 140.

［15］HAN J L, LI L, SUN Z L, et al. An integrative decision-making model for the Internet of Things-enabled supply chains of fresh agri-product［J］. International journal of production research, 2023, 61（13）: 4358 – 4373.

［16］叶俊, 顾波军, 付雨芳. 不同贸易模式下生鲜农产品供应链冷链物流服务与定价决策［J］.中国管理科学, 2023, 31（2）: 95 – 107.

［17］胡玉生, 李金林, 张文思, 等. 可加效用下基于消费者惰性的易逝品动态定价［J］.中国管理科学, 2022, 30（6）: 99 – 105.

［18］DAN B, TIAN Y, ZHANG X M, et al. Cooperation mode selection and information sharing in a fresh produce supply chain with freshness-keeping effort［J］. International journal of electronic commerce, 2023, 27（2）: 270 – 294.

［19］ZHANG W, HE Y, GOU Q L, et al. Optimal advance selling strategy with information provision for omni-channel retailers［J］. Annals of operations research, 2021, 329（1 – 2）: 573 – 602.

［20］YU Y L, XIAO T J, FENG Z W. Price and cold-chain service decisions versus integration in a fresh agri-product supply chain with competing retailers［J］. Annals of operations research, 2020, 287（1）: 465 – 493.

［21］FAN T J, XU C, TAO F. Dynamic pricing and replenishment policy for fresh produce［J］. Computers & industrial engineering, 2020, 139（3）: 127 – 147.

［22］LIU M L, DAN B, ZHANG S G, et al. Information sharing in an e-tailing supply chain for fresh produce with freshness-keeping effort and value-added service［J］. European journal of operational research, 2021, 290（2）: 572 – 584.

［23］AVINADAV T, CHERNONOG T, FRUCHTER E G, et al. Contract design when quality is co-created in a supply chain［J］. European journal of operational research, 2020, 286（3）: 908 – 918.

［24］GAO J, CUI Z, LI H, et al. Optimization and coordination of the fresh agricultural product supply chain considering the freshness-keeping effort and information sharing［J］. Mathematics, 2023, 11（8）: 110 – 125.

［25］曹晓宁, 王永明, 薛方红, 等. 供应商保鲜努力的生鲜农产品双渠道供应链协调决策研究［J］.中国管理科学, 2021, 29（3）: 109 – 118.

［26］MA X L, WANG S Y, ISLAM S M N, et al. Coordinating a three-echelon fresh agricultural products supply chain considering freshness-keeping effort with asymmetric information［J］. Applied mathematical modelling, 2019, 67（3）: 337 – 356.

［27］段永瑞, 雷巍, 李贵萍. 考虑保鲜投资的非即时腐败品库存及定价策略［J］.系统

管理学报，2019，28（4）：732-741.

[28] 罗明，周国华. 基于微分博弈的生鲜农产品三级供应链温度控制投入研究 [J]. 运筹与管理，2024，33（1）：64-68.

[29] 蒋乐莲，代建生，罗治洪. 损失规避与信用担保对供应链决策与协调的影响 [J]. 系统工程，2023，41（4）：71-79.

[30] 马雪丽，赵颖，柏庆国，等. 考虑保鲜努力与碳减排努力的生鲜品三级冷链最优决策与协调 [J]. 中国管理科学，2023，31（9）：52-61.

[31] HOU X Y, LI J B, LIU Z X, et al. Pareto and Kaldor-Hicks improvements with revenue-sharing and wholesale-price contracts under manufacturer rebate policy [J]. European journal of operational research, 2022, 298（1）: 152-168.

[32] HADADI Z, GHOLAMIAN R M, NOROOZI M. The sale services, bundling, and jointly advertising strategies under profit sharing contract in closed-loop competitive supply chain [J]. European journal of industrial engineering, 2024, 18（2）: 157-190.

[33] LIU H, YAN Q. Revenue-sharing contract in a three-tier online supply chain under EB platform financing [J]. Finance research letters, 2024, 59: 1-9.

[34] 申强，徐莉莉，杨为民，等. 需求不确定下双渠道供应链产品质量控制研究 [J]. 中国管理科学，2019，27（3）：128-136.

[35] 范辰，张琼思，陈一鸣. 新零售渠道整合下生鲜供应链的定价与协调策略 [J]. 中国管理科学，2022，30（2）：118-126.

[36] 刘亮，李斧头. 考虑零售商风险规避的生鲜供应链区块链技术投资决策及协调 [J]. 管理工程学报，2022，36（1）：159-171.

[37] 王国利，马晨欣，周学君. 考虑成本优势的生鲜供应链保鲜及外包决策 [J]. 系统工程学报，2023，38（1）：101-120.

[38] 邹清明，刘春，邹霆钧. 资金约束下产出不确定的低碳供应链的融资与协调研究 [J]. 运筹与管理，2022，31（12）：76-85.

[39] 王玉燕，苏梅，王晓迪. 政府奖励机制下闭环供应链的利他关切性决策 [J]. 中国管理科学，2022，30（11）：105-116.

[40] 张云丰，龚本刚，桂云苗. 时滞变质品供应链的数量折扣协调模型 [J]. 运筹与管理，2020，29（3）：99-106.

[41] ZHENG Q, ZHOU L, FAN T J, et al. Joint procurement and pricing of fresh produce for multiple retailers with a quantity discount contract [J]. Transportation research part e: logistics and transportation review, 2019, 130: 16-36.

[42] 经有国，刘震，秦开大. 考虑市场波动的制造商双渠道三级供应链系统协调 [J]. 系统科学学报，2020，28（3）：96-100.

[43] MOMENI M A, JAIN V, GOVINDAN K, et al. A novel buy-back contract coordination

mechanism for a manufacturer-retailer circular supply chain regenerating expired products [J]. Journal of cleaner production, 2022, 375: 1 – 14.

[44] 代建生, 李革. 资金约束供应链合作广告协调模型 [J]. 中国管理科学, 2023, 31 (9): 83 – 93.

[45] 禹海波, 李欣, 李健, 等. 基于信息收集的降低需求可变性两级供应链博弈研究 [J]. 管理工程学报, 2021, 35 (3): 229 – 240.

[46] 于春海, 冯俏, 荣冬玲. 基于均值 – CVaR 的闭环供应链回购契约协调策略研究 [J]. 运筹与管理, 2020, 29 (6): 58 – 64.

[47] 蔡鑫, 孙静春. 基于 M-CVaR 和存货质押融资的供应链回购模型 [J]. 工业工程与管理, 2021, 26 (1): 148 – 156.

[48] 樊相宇, 胡博雅, 武小平. 考虑无缺陷退货下零售商转运的供应链回购契约研究 [J]. 中国管理科学, 2021, 29 (7): 139 – 147.

[49] WANG F, DIABAT A, WU L W. Supply chain coordination with competing suppliers under price-sensitive stochastic demand [J]. International journal of production economics, 2021, 234: 1 – 13.

[50] 陈建新, 周永务, 钟远光. 基于 CVaR 准则的资金约束供应链回购契约协调策略 [J]. 系统管理学报, 2019, 28 (3): 552 – 559.

[51] 陈碎雷, 薛巍立, 申佳. 供给与需求不确定情形下的供应链回购契约与补偿契约比较 [J]. 系统管理学报, 2024, 33 (3): 601 – 617.

[52] JIU S, WANG D, MA Z J. Benders decomposition for robust distribution network design and operations in online retailing [J]. European journal of operational research, 2024, 315 (3): 1069 – 1082.

[53] BOYSEN N, SIMON E, STEFAN S. Crowdshipping by employees of distribution centers: optimization approaches for matching supply and demand [J]. European journal of operational research, 2022, 296 (2): 539 – 556.

[54] DU J, GUO B, LIU Y, et al. CrowDNet: enabling a crowdsourced object delivery network based on modern portfolio theory [J]. IEEE Internet of Things journal, 2019, 6 (5): 9030 – 9041.

[55] 赵泉午, 姚珍珍, 林娅. 面向新零售的生鲜连锁企业城市配送网络优化研究 [J]. 中国管理科学, 2021, 29 (9): 168 – 179.

[56] 周鲜成, 蒋涛营, 贺彩虹, 等. 冷链物流配送的绿色车辆路径模型及其求解算法 [J]. 中国管理科学, 2023, 31 (12): 203 – 214.

[57] WANG L L, WU Y, HU S Q. Make-to-order supply chain coordination through option contract with random yields and overconfidence [J]. International journal of production economics, 2021, 242: 108 – 121.

[58] GUAN Z M, YUXIA M, JUN Z. Incorporating risk aversion and time preference into omnichannel retail operations considering assortment and inventory optimization [J]. European journal of operational research, 2024, 314 (2): 579 – 596.

[59] TIM S, KAI H. When is the next order? Nowcasting channel inventories with Point-of-Sales data to predict the timing of retail orders [J]. European journal of operational research, 2024, 315 (1): 35 – 49.

[60] 徐琪, 郭丽晶. 成本分担机制下共享供应链产品质量水平与及时交货水平最优激励策略 [J]. 管理工程学报, 2022, 36 (1): 228 – 239.

[61] 锁立赛, 姚建明, 周佳辉. 基于顾客需求偏好的面向无人零售终端的供应链资源整合优化研究 [J]. 中国管理科学, 2021, 29 (10): 84 – 95.

[62] SHI S Y, SUN J C, CHENG T C E. Wholesale or drop-shipping: contract choices of the online retailer and the manufacturer in a dual-channel supply chain [J]. International journal of production economics, 2020, 226 (1): 107 – 124.

[63] SUN L B, JIAO X T, GUO X L, et al. Pricing policies in dual distribution channels: the reference effect of official prices [J]. European journal of operational research, 2022, 296 (1): 146 – 157.

[64] LI M M, MIZUNO S. Dynamic pricing and inventory management of a dual-channel supply chain under different power structures [J]. European journal of operational research, 2022, 303 (1): 273 – 285.

[65] CHENAVAZ R, KLIBI W, SCHLOSSER R. Dynamic pricing with reference price effects in integrated online and offline retailing [J]. International journal of production research, 2022, 60 (19): 5854 – 5875.

[66] ZHAO S, LI W L. Blockchain-based traceability system adoption decision in the dual-channel perishable goods market under different pricing policies [J]. International journal of production research, 2023, 61 (13): 4548 – 4574.

[67] 王道平, 周玉. 考虑电商平台拼购折扣的双渠道供应链协调定价 [J]. 系统工程学报, 2022, 37 (4): 535 – 548.

[68] 杨家权, 张旭梅. 考虑零售商策略性库存的双渠道供应链定价及协调 [J]. 系统管理学报, 2020, 29 (1): 174 – 182.

[69] ZHANG Y M, HEZARKHANI B. Competition in dual-channel supply chains: the manufacturers' channel selection [J]. European journal of operational research, 2020, 291 (1): 244 – 262.

[70] TIAN C, XIAO T J, JENNIFER S. Channel differentiation strategy in a dual-channel supply chain considering free riding behavior [J]. European journal of operational research, 2022, 301 (2): 473 – 485.

[71] ZHEN X P, XU S S, LI Y J, et al. When and how should a retailer use third-party plat-form channels? The impact of spillover effects [J]. European journal of operational re-search, 2022, 301 (2): 624 - 637.

[72] 胡劲松, 纪雅杰, 马德青. 基于消费者效用的电商供应链企业的产品质量和服务策略研究 [J]. 系统工程理论与实践, 2020, 40 (10): 2602 - 2616.

[73] WANG R H, GUOFANG N, GANG K, et al. Separation or integration: the game be-tween retailers with online and offline channels [J]. European journal of operational re-search, 2023, 307 (3): 1348 - 1359.

[74] 李宗活, 杨文胜, 刘晓红, 等. 全渠道零售企业在线投放优惠券的渠道整合策略 [J]. 系统工程理论与实践, 2020, 40 (3): 630 - 640.

[75] 胡娇, 李莉, 张华, 等. 全渠道供应链中广告合作与定价策略研究 [J]. 管理学报, 2021, 18 (9): 1371 - 1381.

[76] QIU R Z, CHUNXIA L, MINGHE S. Impacts of consumer virtual showrooming behavior on manufacturer and retailer strategic decisions in a dual-channel supply chain [J]. Euro-pean journal of operational research, 2024, 313 (1): 325 - 342.

[77] LI M L, ZHANG X M, DAN B. Competition and cooperation in a supply chain with an offline showroom under asymmetric information [J]. International journal of production re-search, 2020, 58 (19): 5964 - 5979.

[78] 马勇, 张翠华, 李春雨, 等. 匹配不确定下考虑展厅现象的电子零售商渠道竞争策略 [J]. 中国管理科学, 2024, 32 (4): 153 - 163.

[79] YAN S, THOMAS W A, HAN X H, et al. Whether to adopt "buy online and return to store" strategy in a competitive market? [J]. European journal of operational research, 2022, 301 (3): 974 - 986.

[80] LIU Y C, YIXUAN X, YUE D. Omnichannel retailing with different order fulfillment and return options [J]. International journal of production research, 2023, 61 (15): 5053 - 5074.

[81] 赵菊, 章斌, 闵杰. 线上线下零售商的跨渠道合作退货策略研究 [J]. 中国管理科学, 2023, 31 (6): 164 - 173.

[82] 喻鸣谦, 蔡敏, 杨钦杰. 顾客退货双渠道供应链中资金约束零售商融资策略 [J]. 系统管理学报, 2021, 30 (4): 676 - 684.

[83] HE B, GAN X H, YUAN K F. Entry of online presale of fresh produce: a competitive analysis [J]. European journal of operational research, 2019, 272 (1): 339 - 351.

[84] 陈克兵, 孔颖琪, 雷东. 考虑消费者偏好及渠道权力的可替代产品供应链的定价和绿色投入决策 [J]. 中国管理科学, 2023, 31 (5): 1 - 10.

[85] RAHMANI K, YAVARI M. Pricing policies for a dual-channel green supply chain under

demand disruptions [J]. Computers & industrial engineering, 2019, 127: 493-510.

[86] WANG Y Y, FAN R J, SHEN L, et al. Decisions and coordination of green e-commerce supply chain considering green manufacturer's fairness concerns [J]. International journal of production research, 2020, 58 (24): 7471-7489.

[87] 林强, 马嘉昕, 陈亮君, 等. 考虑成本信息不对称的生鲜电商销售模式选择研究 [J]. 中国管理科学, 2023, 31 (6): 153-163.

[88] 田宇, 但斌, 刘墨林, 等. 保鲜投入影响需求的社区生鲜O2O模式选择与协调研究 [J]. 中国管理科学, 2022, 30 (8): 173-184.

[89] 刁姝杰, 匡海波, 孟斌, 等. 基于前景理论的LSSC服务质量管控策略的演化博弈分析 [J]. 中国管理科学, 2021, 29 (7): 33-45.

[90] 王辰宇, 孙静春, 史思雨. 电商平台中销售模式选择与直播营销策略研究 [J]. 管理工程学报, 2023, 37 (5): 190-199.

[91] 段永瑞, 周浩. 考虑信息互动和内容影响的直播决策与销售模式选择 [J]. 系统管理学报, 2023, 32 (5): 865-879.

[92] CUI X, LI Y, LI X, et al. Livestream e-commerce in a platform supply chain: a product-fit uncertainty reduction perspective [J]. International journal of production economics, 2023, 258: 1-13.

[93] 熊浩, 陈锦怡, 鄢慧丽, 等. 考虑主播特征的直播带货双渠道供应链定价与协调 [J]. 管理工程学报, 2023, 37 (4): 188-195.

[94] LU S, YAO D, CHEN X, et al. Do larger audiences generate greater revenues under pay what you want? Evidence from a live streaming platform [J]. Marketing science, 2021, 40 (5): 964-984.

[95] WANG X, TAO Z Y, LIANG L, et al. An analysis of salary mechanisms in the sharing economy: the interaction between streamers and unions [J]. International journal of production economics, 2019, 214: 106-124.

[96] ZHANG Z, CHEN Z, WAN M, et al. Dynamic quality management of live streaming e-commerce supply chain considering streamer type [J]. Computers & industrial engineering, 2023, 182: 1-20.

[97] 张志坚, 陈振武, 万谧宇, 等. 考虑主播类型的直播渠道定价与渠道选择策略研究 [J]. 管理评论, 2024, 36 (4): 142-153.

[98] YAN B, CHEN X X, CAI C Y, et al. Supply chain coordination of fresh agricultural products based on consumer behavior [J]. Computers & operations research, 2020, 123: 1-9.

[99] LI M, LIAN Z, YANG G, et al. Profit-sharing contract of the fresh agricultural products supply chain under community group purchase mode considering freshness preservation ef-

forts [J]. Sustainability, 2023, 15 (9): 1-22.

[100] 郑琪, 范体军, 张磊. "农超对接" 模式下生鲜农产品收益共享契约 [J]. 系统
管理学报, 2019, 28 (4): 742-751.

[101] 王道平, 朱梦影, 王婷婷. 生鲜供应链保鲜努力成本分担契约研究 [J]. 工业工
程与管理, 2020, 25 (2): 36-43.

[102] CHEN X Y, WANG C, JIA D, et al. Multi-period pricing and order decisions for fresh
produce with option contracts [J]. Annals of operations research, 2023, 335 (1):
79-110.

[103] XU C, FAN T J, ZHENG Q, et al. Contract selection for fresh produce suppliers coop-
erating with a platform under a markdown-pricing policy [J]. International journal of
production research, 2023, 61 (11): 3756-3780.